資質・能力を育成する
科学的な探究と学習評価

中学校理科

指導と評価の一体化を通して

田中 保樹・益田 裕充・小倉 恭彦・後藤 文博【編著】

東洋館出版社

はじめに

　2021 年、社会は新型コロナウィルス感染症（COVID-19）における様々な対応に追われています。感染症によるパンデミックは、今を生きる人類にとっては未曾有の出来事であり、経験則だけでは対応が困難です。このような先行き不透明な社会において、私たちは想定外の問題、答えのない問題、多様な解が求められるような問題など、数々の新たな問題や困難、未知なる状況への対応などに迫られることがあります。平成 29 年（2017 年）告示の中学校学習指導要領で示された理科における科学的な探究の過程や学び方、理科の見方・考え方、理科に関する知識や技能、科学的に探究する力、科学的に探究しようとする態度は、問題の解決や未知なる状況への対応において生かすことができるでしょう。理科で育成する資質・能力が、未来を生きる生徒にとって資することを願っています。

　改訂された中学校学習指導要領は、令和 3 年度（2021 年度）から全面実施となりました。その目標及び内容は、〔知識及び技能〕〔思考力、判断力、表現力等〕〔学びに向かう力、人間性等〕という資質・能力の 3 つの柱で再整理されました。中学校理科の授業においては、理科の見方・考え方を働かせ、主体的・対話的で深い学びを実現し、科学的に探究することを通して、3 つの柱に即した生徒の資質・能力を育成することが大切です。

　改訂された中学校だけでなく小学校と高等学校の学習指導要領の理念、そして理科の目標と内容を理解して、内容のまとまり（大項目）を通して、中学校理科に関する知識や技能を身に付け、科学的に探究する力と科学的に探究しようとする態度を養うことが大切です。そのためには、学習指導要領を踏まえ各学校の生徒の実態に応じて単元（中項目）や小単元（小項目）を構想し授業をつくり、「指導と評価の一体化」を通して指導や学習を改善したり充実したりして、科学的な探究を通して学ぶことが大切であり、理科におけるカリキュラム・マネジメントの一層の推進が求められます。なお、本書では、『「指導と評価の一体化」のための学習評価に関する参考資料（中学校理科）』（国立教育政策研究所、2020）に倣い、学習指導要領における大項目を内容のまとまり、中項目を単元、小項目を小単元と表記しています。

　本書は、理科における資質・能力の育成に資するための「指導と評価の一体化」を図り、科学的な探究を通した理科の単元等と授業について、検討し考察して執筆に当たっています。読者の皆様には、目の前の生徒の資質・能力をどのように育成したらよいかという視点から各ページを捉え、自身の学校の実情や生徒の実態に応じて、どのような単元等を構想して授業をつくり、科学的な探究を実践するのかを考える機会としていただけることを願っています。

　巻頭には特別寄稿として、文部科学省初等中等教育局視学官である藤枝秀樹氏の「これから求められる中学校理科教育を考える」を掲載しています。改めて中学校理科を考える契機としていただけると幸いです。

I章「中学校理科における資質・能力の育成」においては、資質・能力を育成する授業づくりに向けての基本的な考え方や方策などと、全国学力・学習状況調査（中学校理科）に込められた授業改善へのメッセージや全国における中学生の理科についての資質・能力の状況について、編著者4人で執筆しています。また、II章「中学校理科におけるカリキュラム・マネジメント」においては、理科で資質・能力を育成するために、目指す生徒像とそれを踏まえた理科のカリキュラム・マネジメント、改訂された学習指導要領や全国学力・学習状況調査を生かした理科の授業づくりについて執筆しています。

　III章「資質・能力を育成する中学校理科の実際」では、資質・能力を育成する単元等の構想と授業づくりの実際の事例を、全国における中学校の理科教師12人が執筆しています。なお、各事例は、6ページで構成されています。各ページの意義は、II章3節「中学校理科におけるカリキュラム・マネジメントに位置付いた授業づくり」に示していますので、それを踏まえて各事例を捉え、分野や内容にとらわれず、全国の各学校において、生徒の実態に応じて日々の理科の授業に生かしていただけることを願っています。

　なお、III章「資質・能力を育成する中学校理科の実際」では、理科のカリキュラム・マネジメントの一環として、「指導と評価の一体化」が位置付いた授業づくりを進めるために、次の①から⑦の過程に整理して執筆しています。

① 中学校学習指導要領における理科の目標と内容から単元等を構想する
② 単元等において育成する資質・能力（目標）と評価規準を設定する
③ 育成する資質・能力から単元等のストーリーや文脈を考え計画を立てる
④ 単元等における指導と評価の計画を立てる
⑤ 「指導に生かす評価」を基に「指導と評価の一体化」を通して授業を実践する
⑥ 「指導に生かすとともに記録して総括に用いる評価」を行う
⑦ 単元等を振り返りブラッシュアップを図って次年度に備える

　学習評価は、児童生徒の資質・能力の育成を目指した学習とその指導をよりよくするために大切です。「指導と評価の一体化」において、評価を指導に生かした授業づくりが求められます。そのために、本書では⑥と⑦における「指導に生かす評価」と「指導に生かすとともに記録して総括に用いる評価」という表記をしています。

　2021年度、学習指導要領が全面実施となった全国の中学校では、感染症への様々な対応に迫られながら、生徒の資質・能力を育成するための授業研究や、学習指導や学習評価等の研究を進めていることでしょう。新たな取組の中で、戸惑いや疑問が生じることもあるかもしれません。本書が、全国の中学校理科における単元等の構想と授業づくり、科学的な探究、カリキュラム・マネジメント、「指導と評価の一体化」などの改善と充実の一助となれば、編著者4人と執筆者12人にとっては望外の喜びです。

　2021年7月

田中　保樹・益田　裕充

CONTENTS

これから求められる中学校理科教育を考える

文部科学省　初等中等教育局　視学官　藤枝秀樹

1.　はじめに

　2020年は新型コロナウイルス感染症の世界的な流行で、日本でも本当に大変な1年であった。感染拡大防止のために、多くの学校は約3か月にわたる長期の臨時休業を強いられた。全国的な臨時休業がこれほど長く続いたのは、私の記憶の中でも初めてのことである。今まで日常生活の中に当たり前にあった学校の大切さが広く実感されたが、学習機会を保障するために学校現場には大きな負担も生じている。ICTの活用により、災害や感染症等による緊急時における教育活動をより円滑に継続することも期待できる。そのためにも、理科を含め、ICTの活用を「当たり前」のものにすることが今求められている。ただし、そこで忘れないでいただきたいのは、理科は観察・実験を通して科学的に探究する力を育成する教科であることだ。映像による演示実験を見ただけで児童生徒が実験をしたつもりになるのでは本末転倒である。子供たちは、直接体験を通し、観察・実験をしてトライアル＆エラーを繰り返す中で、「どうなるのかな」「なぜこうなるのかな」「不思議だな。次はこうやってみたらいいのかな」といった疑問をもち、科学的に探究する力を養うことができるのである。そこで、本稿では、私なりに今回の学習指導要領改訂のポイントをまとめるとともに、これから求められる中学校理科教育について考えていることを述べてみたい。

2.　新学習指導要領の方向性

　平成28年12月21日、中央教育審議会は、小学校においては令和2年度から、中学校においては令和3年度から、高等学校においては令和4年度から、スタートする新しい学習指導要領に関する答申（中教審第197号）（http://www.mext.go.jp/b_menu/shingi/chukyo/chukyo0/toushin/1380731.htm）を行った。

　この答申で示された新学習指導要領の方向性を簡潔に示すと、児童生徒が学校教育を通して「何ができるようになるか」「何を学ぶか」「どのように学ぶか」の三つの視点である。次ページの図を見ていただきたい。まず、「何ができるようになるか」の位置にあるのが、新しい時代に必要となる資質・能力である。今回は、児童生徒に育成を目指す資質・能力を小学校、中学校、高等学校の全ての校種において、また、全教科において、「生きて働く知識及び技能の習得」、「未知の状況にも対応できる思考力、判断力、表現力等の育成」、「学びを人生や社会に生かそうとする学びに向かう力、人間性等の涵養」の三つの柱で整理した。つまり、学校教育において、私たち教師が児童生徒に対して育成を目

指すゴールが明確に示されたのである。次に、「何を学ぶか」の位置にあるのが学習内容であり、今回は新しい時代に必要となる資質・能力を踏まえた教科・科目等の新設や目標・内容の見直しが求められた。これを受けて、理科で育む資質・能力を明確化し、目標や内容を構造的に示している。最後に、「どのように学ぶか」の位置にあるのが、主体的・対話的で深い学びの視点からの授業改善である。児童生徒が「主体的・対話的で深い学び」を実現できるように、教師には不断の授業改善が求められている。ただし、これは学校教育のゴールではなく、児童生徒に育成を目指す資質・能力を育むための手段であることに留意してほしい。

(中教審答申の概要より引用)

　今回の学習指導要領の改訂の大きなポイントは、『学びの質が変わること』であると、私は捉えている。

3．理科の改訂のポイント

　改訂に当たっての基本的な考え方は、「理科で育成を目指す資質・能力を育成する観点から、自然の事物・現象に進んで関わり、見通しをもって観察、実験などを行い、その結果を分析して解釈するなどの科学的に探究する学習を充実したこと」と、「理科を学ぶことの意義や有用性の実感及び理科への関心を高める観点から、日常生活や社会との関連を重視したこと」である。中学校理科の目標は、次のように示された。

自然の事物・現象に関わり、理科の見方・考え方を働かせ、見通しをもって観察、実験を行うことなどを通して、自然の事物・現象を科学的に探究するために必要な資質・能力を次のとおり育成することを目指す。
(1) 自然の事物・現象についての理解を深め、科学的に探究するために必要な観察、実験などに関する基本的な技能を身に付けるようにする。
(2) 観察、実験などを行い、科学的に探究する力を養う。
(3) 自然の事物・現象に進んで関わり、科学的に探究しようとする態度を養う

　これは、中学校理科においてどのような資質・能力の育成を目指しているのかを簡潔に示したものである。初めに、どのような学習の過程を通してねらいを達成するかを示し、(1)では育成を目指す資質・能力のうち〔知識及び技能〕を、(2)では〔思考力、判断力、表現力等〕を、(3)では〔学びに向かう力、人間性等〕をそれぞれ示し、三つの柱に沿って明確化した。(1)の直前にある柱書には、「理科の見方・考え方を働かせ」という文言が入っている。今回の改訂では、資質・能力をより具体的なものとして示し、「見方・考え方」は資質・能力を育成する過程で働く、物事を捉える視点や考え方として全教科等を通して整理されたことを踏まえ、中学校理科における「見方・考え方」を、「自然の事物・現象を、質的・量的な関係や時間的・空間的な関係などの科学的な視点で捉え、比較したり、関係付けたりするなどの科学的に探究する方法を用いて考えること」と示している。
　また、資質・能力を育成する学びの過程についての考え方についても、次の図のよう

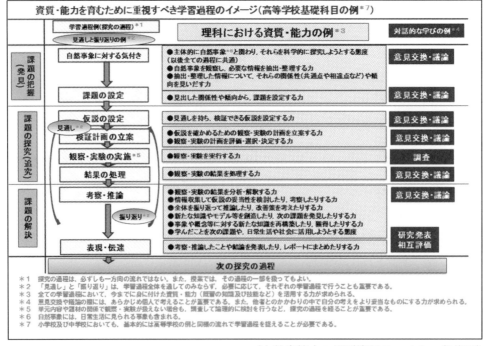

（中教審答申の別添資料５－４を一部修正）

に、「課題の把握（発見）」「課題の探究（追究）」「課題の解決」という探究の過程を通じた学習活動を行い、それぞれの過程において、資質・能力が育成されるよう指導の改善を図ることが必要であるとされた。

　理科の授業を通して、探究の過程全体を生徒が主体的に遂行できるようにすることを目指すとともに、生徒が常に知的好奇心をもって身の回りの自然の事物・現象に関わるようになることや、その中で得た気付きから疑問を形成し、課題として設定することができるようになることを重視すべきである。その際、学習過程については、必ずしも一方向の流れではなく、必要に応じて戻ったり、繰り返したりする場合があること、授業においては全ての学習過程を実施するのではなく、その一部を取り扱う場合があること、意見交換や議論など対話的な学びを適宜取り入れていく際、あらかじめ自己の考えを形成した上で行うようにすることが求められる。図は資質・能力を育成する学びの過程の例として、高等学校基礎科目の例を示したものであるが、中学校においても、基本的には同様の流れで学習過程を捉えることが必要である。なお、今回の改訂では、中学校の3年間を通じて計画的に、科学的に探究するために必要な資質・能力を育成するために、各学年で主に重視する探究の学習過程の例を以下のように整理した。

- 第1学年：自然の事物・現象に進んで関わり、その中から問題を見いだす
- 第2学年：解決する方法を立案し、その結果を分析して解釈する
- 第3学年：探究の過程を振り返る

　これについて中学校理科の学習指導要領解説には、各学年で主に重視する探究の学習過程のイメージを理解してもらうために、各学年の「エネルギー」「粒子」「生命」「地球」を柱とした内容の解説の中で、その事例（3学年×4事例＝12事例）を丁寧に記載してある。それらを参考にしながら、探究の学習過程を盛り込んだ授業をできるだけ創意工夫して実践していただきたい。

　学習内容の変更についても少し触れておく。今回の改訂で、内容の系統性の確保とともに、育成を目指す資質・能力とのつながりを意識した構成、配列となるように、以下の点について、改善・充実を図った。

［第1分野］
- 第3学年に加えて、第2学年においても、放射線に関する内容を扱うこと

［第2分野］
- 全学年で自然災害に関する内容を扱うこと
- 第1学年において、生物の分類の仕方に関する内容を扱うこと

　とりわけ、今回の改訂で唯一新設した第1学年の第2分野の小項目である、「(1)ア(ア)

⑦　生物の特徴と分類の仕方」においては、生徒が自ら見いだした分類の観点や基準によって生物を分類することになっており、正解が一つだけではない。その際、生徒は自ら考えた分類の観点や基準が妥当であるかどうかを対話的な学びを通して、楽しみながら学習活動を展開してほしい。つまり、学問としての生物の系統分類を理解させることではなく、目的に応じて多様な分類の仕方があり、分類することの意味に気付かせるような学習活動を設定することが重要である。予測不可能な未来に対応するためには、創造的で自由な発想が必要だが、この項目は今回の改訂の象徴的なものであると感じている。

4．指導と評価の一体化

　「生徒にどういった力が身に付いたか」という学習の成果を的確に捉え、教師が指導の改善を図るとともに、児童生徒自身が自らの学習を振り返って次の学習に向かうことができるようにするためにも、指導と評価の一体化が重要である。理科で育成を目指す資質・能力〔知識及び技能〕〔思考力、判断力、表現力等〕〔学びに向かう力、人間性等〕が身に付いたかどうかを、それぞれ「知識・技能」「思考・判断・表現」「主体的に学習に取り組む態度」の観点で分析的に捉え、最終的に観点別学習状況の評価の結果を総括して評定を付ける必要がある。なお、理科では、第2分野の学習指導要領の目標の〔学びに向かう力、人間性等〕における、「生命を尊重し、自然環境の保全に寄与する態度」について

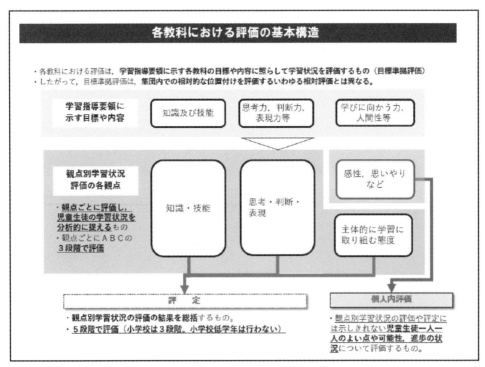

（『「指導と評価の一体化」のための学習評価に関する参考資料（中学校理科）』
国立教育政策研究所 教育課程研究センター 令和2年3月 より引用）

は、観点別学習状況の評価にはなじまず、個人内評価等を通じて見取る部分であることに留意する必要がある。

　次に、理科において、各観点でどのように見取るかについても述べておきたい。「知識・技能」の観点については、生徒が自然の事物・現象についての基本的な概念や原理・法則などを理解しているかを、発言や記述の内容、ペーパーテストなどから状況を把握する。また、生徒が自然の事物・現象についての観察、実験の基本操作を習得するとともに、観察、実験の計画的な実施、結果の記録や整理、資料の活用の仕方などを身に付けているかを、行動の観察や記述の内容、パフォーマンステスト、ペーパーテストなどから状況を把握する。「思考・判断・表現」の観点については、生徒が自然の事物・現象の中に問題を見いだし、見通しをもって観察、実験などを行い、その結果を分析して解釈するなど、科学的に探究する過程において思考・判断・表現しているかを、発言や記述の内容、ペーパーテストなどから状況を把握する。「主体的に学習に取り組む態度」の観点については、生徒が自然の事物・現象に進んで関わり、見通しをもったり振り返ったりするなど、科学的に探究しようとしているかを、発言や記述の内容、行動の観察などから状況を把握する。

5. これから求められる中学校理科教育を考える

　結びに、中学校理科への期待も込めて私の個人的な意見を箇条書きでまとめておきたい。

○　これからの時代は予測不可能であり、今まさに「解のない時代」「正解が一つだけではない時代」になりつつある。ということは、教師の指導の在り方にも正解があるわけではない。つまり、教師一人一人が目の前の生徒のために「どのような授業を展開したらよいのか」「どのような指導がよいのか」を常に考えていく必要があると感じている。

○　次の「問い」は、私が日頃から理科の教師に考えていただきたい「問い」である。

・生徒にどのような資質・能力を身に付けさせたいのか？

・観察・実験は何のために行うのか？

・なぜ、生徒は理科を学ぶのか？

　これらの「問い」には正解があるわけではない。しかし、理科の教師である以上、自分なりの答えや考え方をもっていただきたい。それこそが、理科の教師としてのポリシーではないかと思っている。

○　以下の①から⑤は、私が授業参観後に、授業者にいつも問いかける質問である。

---

① この授業の本質は何か

② この授業で身に付けさせたい資質・能力は何か

③ その資質・能力が育成できたかをどのように評価するのか

④ この授業は探究の過程のうち、どこを重視するのか

⑤ そのためにどのような環境づくり（問いかけ、準備、支援など）を行うのか

今までの経験を振り返ってみると、①の質問に即答できる教師は少ない。しかし、①によって、その教師が授業の核となる部分をどのように考えているのかを知ることができる。例えば、学習内容についての概念的な知識を身に付けさせたいと考える教師がいたり、授業の「問い」に対して思考したことを表現させたいと考える教師がいたりするなど、授業の核となる部分は教師によって十人十色であるし、学習内容によっても変わるものである。授業や単元の本質を考えて授業デザインすることは大事なことである。また、⑤の環境づくりの中でも、私が重要であると思っていることは、生徒を主体的・対話的で深い学びに導くための「問いかけ」である。できるだけ意識して、「問いかけ」を考えていただきたい。

　私はこの①から⑤の質問は、「授業デザインのための視点」であると考えている。当たり前の話だが、教師は授業前にしっかりと授業デザインしておく必要がある。もし、きちんと計画しないで行き当たりばったりで授業を実施すると、授業の展開がバラバラになってしまう。私はこの５点こそが授業デザインの肝だと考えている。これらは、授業の前に必ず意識していただきたい「授業デザインのための視点」である。

○　私たち教師にとっても学び続ける毎日である。今もこれからも不断の授業改善が求められる。生徒の学びや成長を感じられ、教師にとってもやりがいのある、お互いにとって楽しい授業を展開していただきたい。生徒が「未来の創り手」となり、明るい未来が築けるよう、私たち教師も頑張っていきたいものである。

第 **I** 章

中学校理科における
資質・能力の育成

小学校から中学校・高等学校まΝを踏まえた理科における資質・能力の育成

1. これからの社会で資する資質・能力を理科で育成する

　2019年からの新型コロナウィルス感染症（COVID-19）の世界的な感染拡大は続いており、2021年においても社会は様々な対応に迫られている。未だコロナ禍の最中である。今を生きる人類にとっては未曾有の出来事であり、経験則だけでは対応が困難である。

　このような先行き不透明な社会では、想定外の問題、答えのない問題、多様な解が求められるような問題など、数々の新たな問題や困難、未知なる状況への対応などに迫られることがある。そのような状況下では、よりよい成果を求めて対策を講じて対応したとしても、それらは仮説を基にした対策や対応であって、想定する結果となるかは実際に行ってみないと分からない。2021年の前半において、人類は新型コロナウィルス感染症に対して、科学的、政治的、経済的など様々な点において、十分なコントロールができていない。科学的なコントロールができるようになるための手続や過程の基礎的・基本的なことは、小学校理科での問題解決と、中学校・高等学校の理科における科学的な探究に位置付いている。このような先行き不透明な社会において、平成29年告示の中学校学習指導要領（以下、「平成29年版」）で示された理科における科学的な探究の過程や学び方、理科の見方・考え方、理科に関する知識や技能、科学的に探究する力、科学的に探究しようとする態度は、問題の解決や未知なる状況への対応において生かすことができると考えられる。

　国を超えて中長期的に対応せざるを得ない感染症によるパンデミックはこれまでもあった。しかし、人類はワクチンや治療薬を開発したり予防法や治療法を確立したりして、そして各個人の状況等の理解に基づいた賢明な行動などにより、科学だけの成果ではないがウイルスとの共存を可能としてきた。これからの先行き不透明な社会においても、最先端の科学への追究だけでなく、一市民としての科学等に対する理解において、理科教育の果たす役割は大きいと思われる。未来を生きる中学校の生徒に、理科において、これからの社会で求められる資質・能力を育成して「生きる力」を育むことは、中学校の理科教育に関わる者にとっての責務と言っても過言ではないであろう。

　平成29年版では、知・徳・体にわたる「生きる力」を育むため、「何のために学ぶのか」という学習の意義を共有するとともに、「何ができるようになるか」として、目標及び内容を〔知識及び技能〕〔思考力、判断力、表現力等〕〔学びに向かう力、人間性等〕と

いう資質・能力の３つの柱で再整理した。

　中学校理科の授業においては、理科の見方・考え方を働かせ、主体的・対話的で深い学びを実現し、科学的に探究することを通して、この３つの柱に即した生徒の資質・能力を育成することが大切である。

　平成29年版の総則における理念、そして理科の目標と内容を理解し、中学校理科の目標に示された自然の事物・現象についての理解を深め、観察、実験に関する基本的な技能を身に付け、科学的に探究する力と科学的に探究しようとする態度を養うことが大切である。さらに、中学校理科の内容のまとまり（大項目）を通して、平成29年版に示されている資質・能力をバランスよく育成することが大切である。そのためには、中学校理科の授業において、学習指導要領を踏まえ各学校の生徒の実態に応じて単元（中項目）や小単元（小項目）（以下、「単元等」）を構想して授業をつくり、「指導と評価の一体化」を通して指導や学習を改善したり充実したりして、科学的な探究を通して学ぶことが大切であり、理科におけるカリキュラム・マネジメントの一層の推進が求められる。なお、本書では、『「指導と評価の一体化」のための学習評価に関する参考資料（中学校理科）』（国立教育政策研究所、2020）に倣い、平成29年版における大項目を内容のまとまり、中項目を単元、小項目を小単元と表記している。

2.　小学校と高等学校の理科を踏まえ、中学校理科において科学的な探究を通して学ぶ

　未来を生きる生徒に、これからの社会で資する資質・能力を育成するには、座学の理科、知識伝達の理科、教え込みの理科、受験のための理科などでは太刀打ちできない。理科は内容教科と言われることもあるが、内容を学ぶだけに終わらせるのではなく、内容のまとまりを通して、科学的に探究することで、理科に関する知識や技能、科学的に探究する力、科学的に探究しようとする態度をバランスよく育成することが大切である。次は、平成29年版理科の目標である。

　　自然の事物・現象に関わり、理科の見方・考え方を働かせ、見通しをもって観察、実験を行うことなどを通して、自然の事物・現象を科学的に探究するために必要な資質・能力を次のとおり育成することを目指す。
　　（1）　自然の事物・現象についての理解を深め、科学的に探究するために必要な観察、実験などに関する基本的な技能を身に付けるようにする。
　　（2）　観察、実験などを行い、科学的に探究する力を養う。
　　（3）　自然の事物・現象に進んで関わり、科学的に探究しようとする態度を養う。

　この目標については、平成29年版解説理科編のp.23からp.24に解説が掲載されてい

る。改めてこの2ページから、中学校理科の目標について深く理解して、普段の理科の授業や科学的な探究に生かすようにしたい。また、中学校理科の授業をよりよくしたり充実したりするために、小学校と高等学校における理科の目標も、それぞれの学習指導要領の解説を基に理解しておくことが大切である。

　高等学校理科の概要の把握から、中学校理科で学んだことが生徒の中でどのように生かされていくかを踏まえ、「これから」を意識した中学校理科の授業を行いたい。小学校の解説は、8ページにわたってより詳しく解説されているので、理科の見方・考え方を働かせることや、小学校の問題解決と中学校・高等学校の科学的な探究をより深く理解するのに役立つ。また、「これまで」の学びを生かす上で、小学校理科と問題解決を分かった上で、それらを踏まえた中学校理科の授業を行うことが大切となる。仮に小学校理科と問題解決を踏まえない中学校理科の授業を行ったとするならば、理科における資質・能力を育成するという点で、差は大きなものになるだろう。

　中学生は、小学校理科において問題解決を通して、自然の事物・現象について学ぶとともに、問題を見いだす、予想や仮説を発想する、解決の方法を発想する、より妥当な考えをつくり出す、比較する、関係付ける、条件を制御する、多面的に考えることなどを行っている。中学校理科における科学的な探究の観察、実験において、教員が生徒へ「変える条件は？」や「変えない条件は？」と問うだけでも違ったものになる。観察、実験を行う前の計画の場面、観察、実験を実施している場面、観察、実験を行った後の結果の考察の場面などにおいて、それらを問うことで、条件の制御を意識した学習活動を促すことになり、それぞれの学習活動をより深いものにすることができる。

　科学的な探究は、例えば、自然の事物・現象について比較することから始まる場合がある。その場合、比較において、共通点や相違点、多様性を見いだし、その自然の事物・現象が起きる要因を考え探究していく。その際、条件を制御した観察、実験を計画し、実施して、結果を整理して考察する。観察、実験の計画、実施、考察において、「変える条件」と「変えない条件」は意味ある言葉となる。

　これまでの全国学力・学習状況調査（中学校理科）において、条件の制御に関する問題の多くは、正答率は決して高くはない。小学校理科で学んできたことが生かせていない現れではないだろうか。また、理科に関する知識や技能が身に付いていなかったり、科学的に探究する力が育成されていなかったりしていると言える。

　中学校理科の目標を実現するためには、より一層、科学的な探究を充実させ、探究的に学べるようにする。その際、これまで述べてきたように小学校理科の問題解決で育成された資質・能力を生かすことが大切である。

　科学的な探究の過程としては、本書のⅠ章3節「全国学力・学習状況調査に込められた中学校理科の授業改善へのメッセージ」で示している図1「資質・能力を育むために重視する探究の過程のイメージ（平成29年版解説理科編（p.9））」（p.26）と図13「生徒が探究の過程全体を遂行する学習活動を示した問題例」（p.33）が参考となる。

　ただし、この2つの図も、図1（p.26）のタイトルにあるようにイメージであり、例である。平成29年版解説理科編（p.27）に記載されているとおり、探究の過程は決して固定的なものではない。内容、観察、実験、生徒の発達の段階や実態等に応じ、重点的に扱ったり省略したりする。対象とする自然の事物・現象において、因果関係を扱いにくかったり見いだしにくかったりする場合は、内容等に応じて理科の見方・考え方を働かせることで、学習を探究的に行うことができる。例えば、細胞の観察ならば、様々な細胞の比較（理科の考え方）を通して、共通点や多様性（理科の見方）などの視点を導入することで、体のつくりと働きを関係付ける（理科の考え方）考察をすることができ、学習活動を探究的に進めることができる。細胞の学習に関して、これまでも、このような学習活動は行っているはずである。中学校理科において、図1（p.26）のような過程を必ず踏むものが、科学的な探究として捉えられることがあるが、そうではないことに留意したい。

　次の図1は、筆者が模式的に整理した科学的な探究の例である。科学的な探究の要は、体験活動としての観察、実験である。その観察、実験をよりよくしたり充実させたりするには、その前後の言語活動としての観察、実験の計画と観察、実験の分析・解釈（考察）が大切となる。観察、実験の計画においては、見いだした問題から課題を設定する、従属変数から独立変数や要因を考える、仮説を設定する、仮説を検証する観察、実験の方法を立案する、条件の制御を考える、観察、実験の結果を予想するなどの学習活動が考えられ

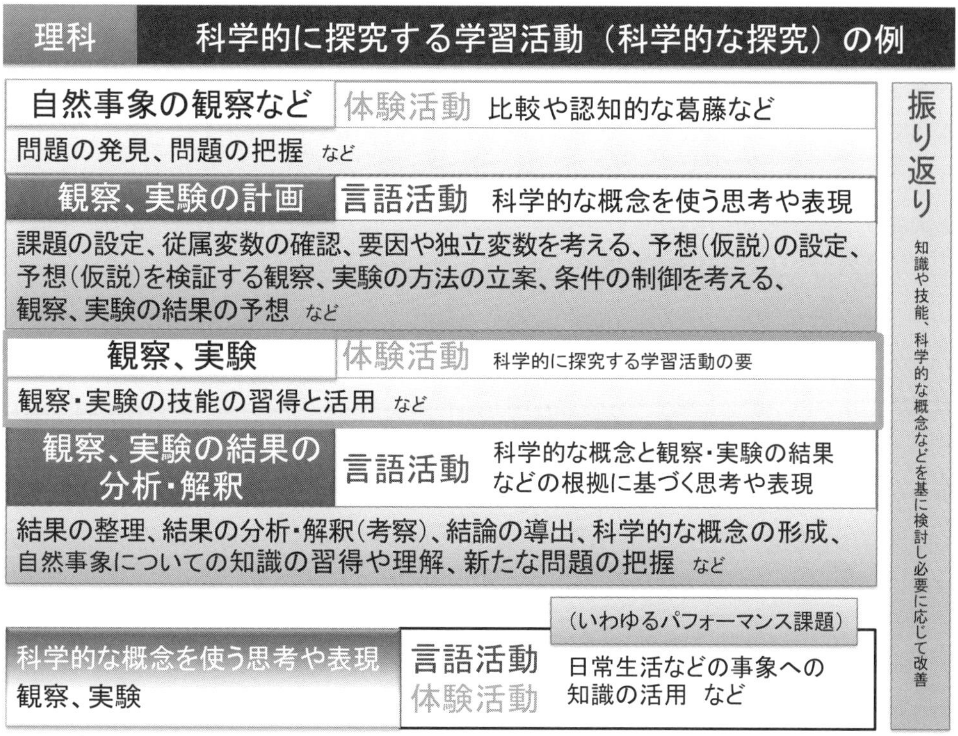

図1　科学的に探究する学習活動（科学的な探究）の例

る。観察、実験の計画を充実させることは、観察、実験の質を高めたり、結果の分析・解釈（考察）においてより深く考えたりすることにつながる。この図１も例であることに留意したい。単元等を構想して授業をつくる際、内容や生徒の実態等に応じた科学的な探究を考えたい。

　なお、筆者はいくつかの大学の理学部や理工学部で、開放性の教職課程における理科教育法の授業を担当している。どの大学の授業においても、受講している学生の観察、実験のイメージは、確かめの実験や観察であり、追試としての観察、実験のことが多い。原理や理論等を先に学び、それを観察、実験で検証するというものである。新たな問題を解き明かすような科学的な探究に位置付いた観察、実験をイメージする学生は数少ない。また、高等学校において、課題研究や総合的な学習の時間において探究を行ったという学生は若干名である。平成 30 年告示の高等学校学習指導要領（以下、「平成 30 年版」）では、各教科等で探究的に学ぶことが重視され、それに伴い各教科の教科書が変わったことが2021 年 3 月末にテレビのニュースや新聞等で取り上げられた。さらに数学や理科などの課題を探究の過程を通して学ぶ教科「理数」が創設され、総合的な学習の時間は総合的な探究の時間となる。高等学校において、理科を含めて各教科等で探究的な学習を経験する機会が多くなることに期待したい。

　また、理学部や理工学部の理系の大学生であっても、中学校と高等学校の理科において、観察、実験レポートを一から作成したという経験がある場合が少ない。豊かな理科教育の下で学んできた学生は、その経験を有するが、多くの場合、教員が作成するワークシートを使用したようである。理科教育法の中で、科学的な探究が位置付いた単元等を構想する際、大学生の課題として、学習指導案とともに、図２のような観察、実験レポートを作成するようにしている。ところが、中学校と高等学校でその経験がない学生は、中学生や高校生が作成する観察、実験レポートを想像するのが困難である。そのような場合、生徒ではなく教員が作成するワークシートになってしまう。そして、考察の欄は、教員があらかじめ記入した一部空欄の文章が記載され、生徒が書き込むようになっている。さらには、高等学校で確かめの観察、実験に慣れてしまった学生の観察、実験レポートの考察は、課題に対して結果を分析し解釈して考えられることや分かることが記入してあるのではなく、事前に学習した原理や理論等に即した結果にならなかった理由や誤差について記入されている。このように、理系の大学生に対して、中学校と高等学校の理科において探究的に学ぶことへの理解を促したり観の転換を図ったりするのが大変な状況がある。これらの理系の大学生の実態は、学生が経験してきた理科教育の結果であり、改善と充実が望まれる。

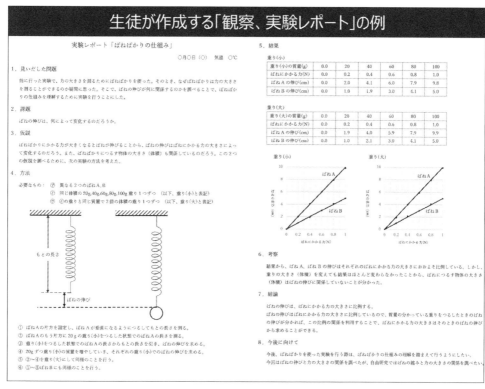

図2　大学生が作成した「中学生が作成する観察、実験レポート」の例

3. 資質・能力を育成するために、科学的な探究を主体的に学ぶ

　単元等に位置付いた科学的な探究を、よりアクティブ（能動的）に、より主体的に学ぶことが、理科における資質・能力を育成する上で大切である。そのための方策として、図1にも示しているように科学的な探究の初めに、関連する2つの自然の事物・現象を比較したり認知的な葛藤を引き起こすような自然の事物・現象を観察したりして、問題を見いだしたり問題を把握したりすることが挙げられる。そして、Ⅰ章3節「全国学力・学習状況調査に込められた中学校理科の授業改善へのメッセージ」で示している図2「課題を設定するプロセス例）」（p.28）のように課題を設定することによって、課題を自分のこととして捉えられたり見通しをもてたりする。そして、科学的な探究を粘り強く取り組んだり、探究の節目の振り返りで自らの学びを調整しその後の見通しをもてたりするなどの主体的な取組へとつながる。そのためには、図2のような観察、実験レポートにおいて、課題の前に、動機や見いだした問題として、把握した問題を記述するようにしたい。

　科学的な探究を主体的に学ぶからこそ、理科における資質・能力を育成することができるのである。

第2節 小学校理科の問題解決から中学校・高等学校理科の科学的な探究へ

1. 小学校理科の問題解決と中学校・高等学校理科の科学的な探究

　授業とはいかに多様であろうか。多様さはよく語られるが、多様さの中に「共通すること」はないのであろうか。平成29年版は、その「共通すること」に焦点を当て、日々の授業の中で資質・能力を育成しようと求めている。

　そこで、まず中学校の探究の過程について考えてみたい。平成29年版解説理科編には次のように示されている。

　目標（2）は、育成を目指す資質・能力のうち、思考力、判断力、表現力等を示したものである。科学的に探究する力を育成するに当たっては、自然の事物・現象の中に問題を見いだし、見通しをもって観察、実験などを行い、得られた結果を分析して解釈するなどの活動を行うことが重要である。その際、第1学年では自然の事物・現象に進んで関わり、それらの中から問題を見いだす活動、第2学年では解決する方法を立案し、その結果を分析して解釈する活動、第3学年では探究の過程を振り返る活動などに重点を置き、3年間を通じて科学的に探究する力の育成を図るようにする

　このように、理科では科学的に探究する過程を重視することがより一層鮮明となり、各学年で主に重視する探究の過程が示されたのである。同様に、平成29年告示の小学校学習指導要領（以下、「平成29年版小学校」）解説理科編では、「児童が自然の事物・現象に親しむ中で興味・関心をもち、そこから問題を見いだし、予想や仮説を基に観察、実験などを行い、結果を整理し、その結果を基に結論を導きだすといった問題解決の過程の中で、問題解決の力が育成される」とし、第3学年では、主に差異点や共通点を基に、問題を見いだす力、第4学年では、主に既習の内容や生活経験を基に、根拠のある予想や仮説を発想する力、第5学年では、主に予想や仮説を基に、解決の方法を発想する力、第6学年では、主により妥当な考えをつくりだす力を問題解決の力として示している。

　両者は、小学校と中学校において、それぞれの学年で主に重視する学習過程が示されたものと解釈できる。当然のことながら、問題解決の過程や探究の過程を通した理科授業を、小学校4年間、中学校3年間を通して、意図的・計画的に取り組むことを求めるものである。

```
┌─────────────────────────────────────────┐
│              問題解決の力                 │
└─────────────────────────────────────────┘
        小3    問題を見いだす
        小4    予想や仮説を発想する
        小5    解決の方法を発想する
        小6    より妥当な考えをつくりだす
┌─────────────────────────────────────────┐
│           重視する探究の過程              │
└─────────────────────────────────────────┘
        中1    問題を見いだす
        中2    解決の方法を立案する
        中3    探究の過程を振り返る
```

図1　問題解決の過程と探究の過程の扱い

　図1は、このことを簡潔にまとめたものである。問いを解決する過程（問題解決の過程・探究の過程）で、学年ごとに主に重視すべき学習過程が小学校・中学校で繰り返し位置付けられていることが分かる。

　小学校、中学校の最終学年に示されている「より妥当な考えをつくりだす」「探究の過程を振り返る」ということが意図していることもほぼ同義であり、「探究の過程を振り返り、その妥当性を検討する」（教育課程部会）力の育成を目指すことと言い換えることができる。いわば、問題・課題としての問いを立て、予想・仮説に基づく解決方法を立案し、課題と正対した考察とするなど、学習過程の妥当性を検討できる力を小学校・中学校で繰り返し獲得させようとしている。

　では、平成30年版解説理科編で、これらの点はどのように示されているのであろうか。探究の概念は平成20年の改訂によって示されたが、当初の理念と異なり、実際の探究は教科書の単元末にまとめて示され、付録のような存在となり、観察や実験を行うことそのものを探究として目的化してしまう傾向にあった。しかし、平成30年版では、次のように示されていることに着目したい。

生物
イ　生物の多様性と生態系について、観察、実験などを通して探究し、生態系における、生物の多様性及び生物と環境との関係性を見いだして表現すること。
化学
イ　有機化合物、高分子化合物について、観察、実験などを通して探究し、有機化合物、高分子化合物の性質における規則性や関係性を見いだして表現すること。

　この記述から、これからの高等学校の理科授業では、観察や実験などを通して探究することが求められ、こうした構成となる教科書が検定を通ることとなるだろう。中学校の教

科書のように学習内容を捉えさせる過程に観察、実験が位置付くこととなろう。

　小学校と中学校では、解決方法の立案や探究の過程の妥当性等々を検討することとなるが、高等学校ではこうしたことがどのように発展するのか期待したい。

2. 問題解決の過程・探究の過程をつくるには

　問題解決や探究の筋道には現象を統一的に解釈する因果関係が認められる。問題・課題を解釈し、それを解決するための筋道は各過程を関連付ける道筋である。問いを解決する学習過程の成立とは、どのようなことを指すのか。そこで、問題解決の過程・探究の過程を構成する各過程について考えてみたい。

（1）ストーリーのまとまりを共有する方法

　問題解決や探究を論じる際、問題・課題と正対する考察・結論までのひとつのストーリーの単位が共有されないがゆえに、教師の議論がかみあわないことが多い。では、ストーリーのまとまりを共有する際に、はじめに行うべきことは何か。それは、その授業を通して、児童生徒がどのような考察・結論とすればよいのかを教師同士がはじめに共有することである。考察・結論が決まれば、それと正対する問いである問題・課題をつくればよい。このように、その授業の問題・課題が決まる。考察・結論としたいことは何かをはじめに検討することは、授業のゴールをイメージすることだけではなく、そのことによって、問題解決・探究のストーリーのまとまりをはじめに考えることとなる。ストーリーのまとまりを決定することこそ、問いを解決する過程をつくる上で骨格となることである。

　まず、考察・結論を決め、問題・課題に至るひとつのストーリーを決定する。例えば、中学校理科で、炭酸水素ナトリウムの熱分解の実験を伴う探究の過程を構想したとする。「炭酸水素ナトリウム→炭酸ナトリウム＋水＋二酸化炭素」は、結果であろうか考察であろうか。これが考察なら課題はこれと正対した問いとなる。平成29年版解説理科編には、この実験はあくまで物質が熱で分解することの例であると示されている。

　そこで、この授業の考察を「物質は熱で分解する」としたとする。これに正対した課題も決まる。課題が決まれば、教師は、問題・課題を生み出す導入の過程で、どのような自然の事物・現象を提示そればよいのかを考えることとなる。次に留意すべきことは、「導入で提示した自然の事物・現象」と、「炭酸水素ナトリウムの熱分解の実験」は、どのような関係になればよいのかということである。

（2）問題・課題を立てるまでの導入（小3・中1で重視する学習過程）

　問題・課題を把握するまでの過程を導入という。例えば、導入であっと驚かせ、児童生徒に疑問を抱かせるような演示を行い、問題・課題を立てることがある。こうした導入

は、主体的に学習に取り組む態度の涵養に直結する。同時に、授業のストーリーのねじれは、こんなときに生じやすい。授業を構想する際、はじめに考えることは、そのゴールである考察・結論である。児童生徒が何を問題・課題の答えとすればよいのかを明確にすることである。

さらに、導入の過程で重要となるのが、実際に行われる観察、実験との関係である。つまり、導入で示した自然の事物・現象等と、実際に行われる観察、実験の間に、解決方法の立案を組み込むことが求められていることから、導入で示す自然の事物・現象が、観察、実験で行う操作そのものであっては、解決方法の立案が組み込まれる余地がない（同じ教材を使ってはいけないということではない）。

授業に熟達した教師は、両者の関係が適切な関係にある。学生の模擬授業では、上記の点に留意するように指導しても、行われる観察、実験に対して、導入で示す事物・現象との関係が適切ではないことがある。つまり、導入で示す自然の事物・現象は、観察、実験の操作につながる解決方法の立案までを見通すことができ、検証可能な課題の設定につながるものとする。

平成29年版小学校解説理科編では、次のとおり、小学校3年で比較するという考え方を働かせることを求めている。この点にも留意が必要である。

> 複数の自然の事物・現象を対応させ比べることである。比較には、同時に複数の自然の事物・現象を比べたり、ある自然の事物・現象の変化を時間的な前後の関係で比べたりすることなどがある。具体的には、問題を見いだす際に、自然の事物・現象を比較し、差異点や共通点を明らかにすることなどが考えられる。

（3）問題・課題に対する予想・仮説と解決方法の立案（小4・中2で重視する学習過程）

予想・仮説は、観察、実験の結果を予想するものではないことに留意したい。あくまで立てられた問題・課題に対して予想するものである。そもそも、この学習過程が、観察、実験の結果を予想する過程であったとすれば、次の点から授業を省察してほしい。問いとしての問題・課題がある授業であったのか。行動目標ではなかったか。そもそも、実験の操作方法を提示する場面は、どの学習過程に組み込まれていたのか。課題から予想・仮説を立て、観察、実験に取り組む一連の過程を考えた際、観察、実験の直前でその操作方法を説明する授業が多い。では、その操作方法の説明の直前に位置付けられている予想・仮説の場面において、実験の結果そのものを予想させることができるだろうか。

このように、問題・課題に対する予想・仮説なのであるが、この予想・仮説は、解決方法の立案につなげる学習過程として深め合う必要もある。単なる直感ではなく、例えば、XすればYになるだろうといった解決方法の立案につながるように、仮説を解決方法の立案に向けた過程として深め合う必要がある。

こうして立案した解決方法に基づき、個々バラバラに実験を進めることもあろうが、解決方法の立案の過程で児童生徒の考えを収斂させ、意図した観察、実験に進むことが多い。予想・仮説から解決方法の立案までの過程を、児童生徒の考えを収斂させる過程として意図したい。その方法として、例えば、児童生徒に予想と仮説を使い分けて示し、仮説と解決方法の立案を隣接する関係の概念として捉えて授業をつくることも考えられる。

平成29年版小学校解説理科編は、小学校4年で関係付けるという考え方を働かせることを求めている。次の点にも留意が必要である。

自然の事物・現象を様々な視点から結び付けることである。「関係付け」には、変化とそれに関わる要因を結び付けたり、既習の内容や生活経験と結び付けたりすることなどがある。具体的には、解決したい問題についての予想や仮説を発想する際に、自然の事物・現象と既習の内容や生活経験とを関係付けたり、自然の事物・現象の変化とそれに関わる要因を関係付けたりすることが考えられる。

（4）解決方法の立案の過程と結果の表出（小5・中2で重視する学習過程）

「表現」とは、対象に働きかけて得た情報を目的に合わせて的確に表すことである。理科授業において、表現力は学習過程のどこで身に付けさせればよいだろうか。特に、結果を表出する過程で身に付けさせたい。表なのかグラフなのかといった表現の差異ではなく、問題・課題や予想・仮説と得られたデータ等をどのように表出すればよいのかを子どもに考えさせることで表現力を育成したい。

どうすれば、より的確に結果を表出できるのか。このことを考えさせる学習過程は、観察、実験からデータを得た後に位置付けることが考えられる。また、取得したデータと立てた課題や予想したこととの関係を認識し、結果の表出を工夫させる過程を、解決方法の立案の中に組み込むことも考えられる。

これまで、ワークシート等を教師が準備し、その枠内に数値だけを入れるなど、結果を表現する枠組みを教師が整えてしまうことが多くあったが、表現力の育成を結果の表出の過程で育成するために、どのような工夫が必要となるのか再考したい。

次に、解決方法の立案と実験の操作方法との関係をどうしたらよいのか考えたい。つまり、実際に行う観察、実験の操作方法と解決方法の立案をどのように接続させるのかの構想が必要となる。

平成29年版小学校解説理科編は、小学校5年で条件を制御する考え方を働かせることを求めている。次の点にも留意が必要である。

自然の事物・現象に影響を与えると考えられる要因について、どの要因が影響を与える

かを調べる際に、変化させる要因と変化させない要因を区別するということである。具体的には、解決したい問題について、解決の方法を発想する際に、制御すべき要因と制御しない要因を区別しながら計画的に観察、実験などを行うことが考えられる。

（5）探究の過程を振り返り、その妥当性を検討する考察（小 6・中 3 で重視する学習過程）

　小学校 6 年では、「より妥当な考えをつくり出す」、中学校 3 年では「探究の過程を振り返る」として示されているが、いずれも特に問題解決の過程、探究の過程の各過程の関係がひとつのストーリーとして成立していることの妥当性を検討することを求めている。

　平成 27 年 4 月に実施された全国学力・学習状況調査（中学校理科）の大問 8 (3) で問題・課題と考察を正対させるという方略が示されて以後、この考え方は全国に広がった。つまり、問題解決の過程や探究の過程を構成する各過程の関係をつくることが重要であると示されたのである。児童生徒は、考察・結論を導こうとした際、問題・課題は何であったのかを振り返り、その答えを導き出そうとする。

　考察は、探究の過程を振り返り、その妥当性を検討する過程である。よって、問題・課題と正対した答えが考察である。さらに、問題・課題と正対していることを、予想・仮説と結果を比較して検討する必要がある。予想・仮説と観察、実験の結果の一致、不一致を明確にする。平成 29 年版小学校解説には以下のように示されている。

　両者が一致した場合には、児童は予想や仮説を確認したことになる。一方、両者が一致しない場合には、児童は予想や仮説、又はそれらを基にして発想した解決の方法を振り返り、それらを見直し、再検討を加えることになる。いずれの場合でも、予想や仮説又は解決の方法の妥当性を検討したという意味において意義があり、価値があるものである。

　このような過程を通して、課題に対する答えが導き出されるのである。

　平成 29 年版小学校解説理科編は、小学校 6 年で多面的に考えるという考え方を働かせることを求めている。次の点にも留意が必要である。

　自然の事物・現象を複数の側面から考えることである。具体的には、問題解決を行う際に、解決したい問題について互いの予想や仮説を尊重しながら追究したり、観察、実験などの結果を基に、予想や仮説、観察、実験などの方法を振り返り、再検討したり、複数の観察、実験などから得た結果を基に考察をしたりすることなどが考えられる。

第**3**節 全国学力・学習状況調査に込められた中学校理科の授業改善へのメッセージ

1. 科学的に探究し、課題を解決する学習活動の充実

　平成 29 年版では、児童生徒に生きる力を育むに当たり、どのような資質・能力の育成を目指すのかを明確にしながら教育活動の充実を図ること、その際には、児童生徒の発達の段階や特性を踏まえ、〔知識及び技能〕の習得と〔思考力、判断力、表現力等〕の育成、〔学びに向かう力、人間性等〕の涵養という、資質・能力の 3 つの柱の育成がバランスよく実現できるようにすることが示された。

　中学校理科の目標では、「自然の事物・現象に関わり、理科の見方・考え方を働かせ、見通しをもって観察、実験を行うことなどを通して、自然の事物・現象を科学的に探究するために必要な資質・能力を育成することを目指す」と示され、科学的に探究し、課題を解決する学習活動の充実が求められている。また、探究の過程を踏まえた学習活動については、平成 29 年版解説理科編において、資質・能力を育むための学習過程のイメージとして図 1 が例示されている。

　この探究の過程は、固定的なものではなく、扱う事象の特徴や生徒の発達の段階に応じ

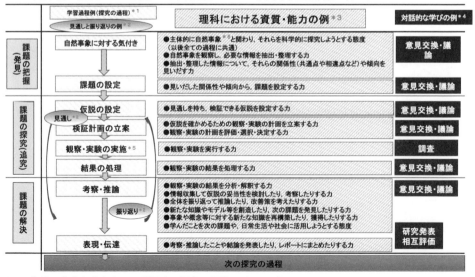

図1　資質・能力を育むために重視する探究の過程のイメージ
　　（平成 29 年版解説理科編、p.9）

て、ある部分を重点的に扱ったり、適宜省略したりするといった工夫を行い、授業を構成することが必要である。その際、比較したり、条件に目を向けたりするなどの小学校で培った問題解決の力をさらに高めながら、科学的に探究する力を育成することが大切である。

　全国学力・学習状況調査では、自然の事物・現象や日常生活の中に問題を見いだして課題を設定し、身に付けた［知識及び技能］を活用して科学的に探究する学習場面を設定するなど、表1の視点に基づいて問題を作成している。これは、授業において探究の過程を通した学習活動を充実し、探究の過程全体を遂行できる生徒の育成を目指しているものである。

表1　調査問題の各視点における問いの説明

視点	説　　明	主な学習の場面
知識	自然の事物・現象についての基礎的・基本的な知識と理解を問う。	
技能	観察や実験の操作、観察や実験の計画的な実施、結果の記録や整理など、自然の事物・現象を科学的に探究する技能の基礎に関する知識を問う。	観察、実験の操作
構想	基礎的・基本的な知識及び技能を活用して自然の事物・現象の中に問題を見いだして課題を設定し、予想や仮説を立てたり、観察や実験の条件を考えたりすることで観察や実験を計画することを問う。	課題の設定 仮説の設定、結果の予想 観察、実験の計画 探究の見通し
分析解釈	基礎的・基本的な知識及び技能を活用して、観察や実験の結果などを分析して解釈することを問う。	課題に正対した考察 結果と事象を関連付けて推論
検討改善	観察や実験の計画や結果の考察、日常生活や社会との関わりを思考するなどの各場面において、基礎的・基本的な知識及び技能を活用し、観察や実験の結果などの根拠に基づいて、自らの考えや他者の考えに対して、多面的、総合的に思考して検討、改善することを問う。	探究の全ての過程
適用	日常生活や社会の特定の場面において、基礎的・基本的な知識及び技能を活用することを問う。	探究の全ての過程

2.　調査問題に込められた授業改善のポイント

（1）課題の把握（発見）「問題を見いだして課題を設定すること」

　自然の事物・現象や日常生活の中に疑問をもち、問題を見いだして課題を生徒が設定することは、学習意欲を高め、主体的に学習に取り組むことにつながるとともに、探究の過程全体を遂行できる生徒を育成する上で重要な視点である。しかし、授業では、導入において事象の提示の工夫は見られるものの、生徒が課題を把握したり設定したりすることが十分に行われていない現状がある。

　生徒が課題を設定する際、事象に出会って抱く違和感（「あれ」「おや」）などの疑問から事象に含まれる要因に着目して、「〜が〜なのは、なぜだろう」という問題は多くの生

徒が見いだすことができる。この問題を、解決可能な課題に設定するためには、教師の支援として、事象をさらに注意深く観察して要因を抽出し、要因同士の因果関係を考えさせ、変化すること（従属変数）とその原因として考えられる要因とを整理し、生徒が課題を設定できるようにすることが大切である（図2）。また、教師が課題を提示する際も、生徒が自分の課題として捉えられるように動機付けを行うことも大切である。

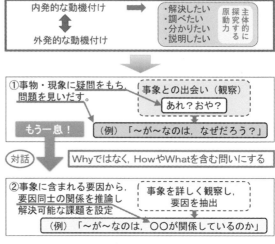

図2　課題を設定するプロセス例

①　単元のはじめに問題を見いだして課題を設定

　平成30年度調査問題１と関連した授業アイディア例では、光の反射を利用した機器である「テレプロンプター」をつくることで課題を設定する例を示している。ここでは、単元のはじめにものづくりを行い、透明な板に映る像から光の進み方に疑問をもち（図3）、問題を見いだして単元を通して追究する複数の課題を設定する。見いだした問題から解決可能な課題を設定するためには、図4のように、「光の道筋」「反射する角度」「透明な板に映る文字」「透明な板を通り抜ける光」の4つの要因を抽出し、要因どうしの因果関係に着目させることで、解決の見通しをもった課題づくりができると考えられる。

　単元の学習を通して、光の直進と反射に関する［知識及び技能］を習得し、単元の終末で身に付けた知識を、単元の最初に問題を見いだした「テレプロンプター」に活用して、知識の定着を図ることで、理科を学ぶ意義や有用性を実感できるようにすることも大切である。

図3　テレプロンプターをつくり
　　　問題を見いだす

図4　見いだした問題から設定した課題

②　探究の過程で抱いた新たな疑問から課題を設定

平成27年度調査問題⑦では、キウイフルーツの上に置いたゼラチンゼリーの崩れ方の違いに疑問をもち、見いだした問題から適切な課題が設定できるかをみている。例えば、図5のような事象を提示すれば、生徒はゼラチンゼリーの崩れ方の違いに疑問をもち、「ゼラチンゼリーの崩れ方がキウイフルーツの部分によって違うのはなぜだろう」と問題を見いだし、「ゼラチンゼリーの崩れ方（従属変数）」と「キウイフルーツの部分（要因）」に着目した課題づくりを行うことができると考えられる。その際、観察する自然の事物・現象によって、生徒

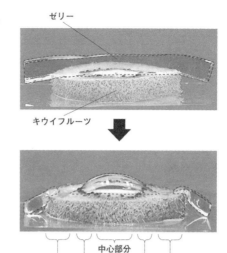

図5　ゼラチンゼリーの変化の様子

がもつ疑問から見いだす問題は異なるので、指導のねらいに応じて提示する事象や提示の仕方に留意することは大切である。

（2）課題の探究（追究）「予想や仮説を基に観察や実験を計画して検証すること」

平成29年版では、3年間を通じて計画的に、科学的に探究するために必要な資質・能力を育成するために、各学年で主に重視する探究の学習過程を次のように整理している。

第1学年：自然の事物・現象に進んで関わり、その中から問題を見いだす活動

第2学年：解決する方法を立案し、その結果を分析・解釈する活動

第3学年：探究の過程を振り返る活動

問題を見いだす活動については（1）で述べたとおりである。ここでは、解決する方法を立案する学習活動について述べる。特に、因果関係が明らかな自然の事物・現象を扱う場合、予想や仮説を立てて、検証のための観察や実験を計画することは、科学的に探究する力を育成する上で大切である。しかし、平成30年度全国学力・学習状況調査の生徒質問紙調査の「自分の予想をもとに観察や実験の計画を立てている」では、当てはまると回答した生徒は2割以下であり、観察や実験を計画する学習は十分に行われていないことが分かる。

指導に当たっては、「変化すること（従属変数）」の「原因として考えられる要因」を全て挙げ、それらの妥当性を検討する。次に、それらの要因を「変える条件（独立変数）」と「変えない条件」に整理し、予想や仮説を基に、それらを検証するための観察や実験を計画する学習場面を設定することが考えられる。このような学習活動を通して、生徒が課題を解決するまでの見通しをもち、観察や実験から結論の導出まで区切らず、生徒が主体

的に探究できるようにすることは大切である。

① 予想や仮説を基に検証する実験を計画

平成27年度調査問題⑥では、コップに水を注ぐと聞こえる音の高さが変化することに疑問をもち、課題「音の高さは何に関係しているのか」を設定し探究する場面で、音の高さを決める条件を確かめる実験を計画できるかをみている。例えば、音の高さが変化すること（従属変数）に「空気の部分の長さ a」が関係しているのか、「水の部分の長さ b」が関係しているのかという2つの仮説を設定し、それぞれの仮説を検証する実験を計画する学習場面を設定

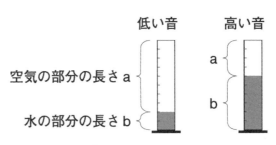

図6　音の高さが変化する要因

することが考えられる（図6）。仮説を検証する際には、仮説が正しくないことを検証する実験にも意味があることに留意して指導することは大切である。

② 「変える条件」と「変えない条件」を整理して実験を計画

平成30年度調査問題④では、ファラデーの「ロウソクの科学」を基に、赤い炎と青い炎の明るさの違いは、炎の中の炭素が関係していることを科学的に探究する場面を設定している。ここでは、炎の色と金網に付くススの量を調べる実験を計画する際に「変える条件」をガスバーナーの空気の量と

【実験】
表1のように，変える条件と変えない条件を決めて，炎の色と金網につくススの量を調べる。

表1

変える条件	空気の量
変えない条件	ガスの量，　　X　　，・・・・・・

図7　変える条件と変えない条件を整理して実験を計画

した場合、「変えない条件」を指摘できるかをみている（図7）。例えば、「変化すること（従属変数）」は炎の色であり、ファラデーの「ロウソクの科学」を手掛かりに、「原因として考えられる要因」を炭素とした場合、炭素が関係しているかを確かめる必要がある。その際、炎の色と炭素の量の関係を調べるために、「変える条件」と「変えない条件」を整理して実験を計画することが考えられる。このように、自然の事物・現象に関する先哲の見方や考え方に触れることで、日常生活や自然の事物・現象の中から問題を見いだして課題を設定し、条件制御の［知識及び技能］を活用して計画した観察や実験を行い、科学的に探究することも大切である。

③ 「変える条件」に伴って変化する「変わってしまう条件」を指摘して実験を計画

平成30年度調査問題②では、要因が複数あると考えられる実験を検討して改善し、1つの要因（変える条件）を変えるとその他にも変わる可能性のある要因（変わってしまう条件）を指摘できるかをみている。ここでは、明るさを変えるために、蛍光灯と日光を用いて実験を計画している（図8）。しかし、日光の方が、水温が上昇する可能性が高いた

め、条件制御が不完全である。独立変数に伴って変わる可能性のある要因（変わってしまう条件）を指摘し、実験を計画できるようにすることが大切である。このように、条件を制御した実験であっても、仮説と異なる結果が出たとき、実験の方法も含めて結果を分析して解釈し、新たな課題を設定して探究を深めることも大切である。

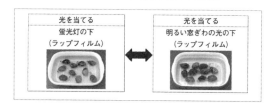

新たな課題
蛍光灯の下よりももっと明るい場所では、アサリが出す砂の質量は少なくなるのだろうか。

新たな実験
蛍光灯の下でアサリが出す砂の質量と、明るい窓ぎわの光の下でアサリが出す砂の質量を比較する（図2）。

図8　蛍光灯と日光とで実験を計画

（3）課題の解決「結果を分析・解釈し、対話を通して自他の考えを検討して改善すること」

中央教育審議会答申（平成28年12月、以下「28答申」）では、未来を切り拓くために必要な資質・能力を身に付け、生涯にわたって能動的に学び続ける上で、多様な人との対話を通じて考えを広げ深めることが重要であると指摘している。理科においては、探究の全ての過程において自分の考えをもち、対話を通して自他の考えを検討して改善することは重要である。

指導に当たっては、はじめに個人で考え、次にグループで互いの考えを共有し、検討して改善することが大切である。また、生徒が説明する際には、根拠を示し、事実と考えを区別して表現するよう指導することは重要である。

例えば、実験の結果を考察する際、実験結果を誤って分析・解釈して情報を受け取ったり、適用すべきでない知識を活用したりして、適切に考察をすることができないことがある。このような個人の考察をグループで検討して改善することは、科学的に探究する力を育成する上で大切である。その際、教師が助言や問い返しを適切に行うことで、生徒自身が不十分な点や適切でないことに気付き、対話を通して自分の考えを改善できるようにすることが考えられる。このように、対話を通して事象を多面的に捉え、深く理解することで、考えが深まり、新たな知の創造に向かうようにすることが大切である（図9）。

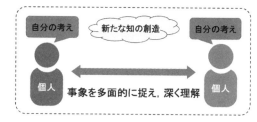

助言や問い返しによって視点を明確にし、対話を通して自分の考えを検討して改善できるようにする。

自分の考え　新たな知の創造　自分の考え

個人　事象を多面的に捉え，深く理解　個人

図9　助言や問い返しで自分の考えを検討・改善

① 観察や実験の結果を分析・解釈して自分の考えをもつ

平成27年度調査問題⑦では、実験の結果を分析・解釈して、キウイフルーツはゼラチ

ンを分解するが、寒天を分解しないことを指摘できるかをみている（図10）。例えば、キウイフルーツのしぼり汁と水を、ゼリーにそれぞれ加えたときの結果を比較し、その要因と結果を一つ一つ対応させて整理して考察する場面が考えられる。このように、結果と要因を組み合わせたり関連付けたりするなど、適切に結果を分析・解釈して、自分の考えをもてるようにすることは大切である。

② 多面的・総合的に思考し、考察を検討して改善する

　平成27年度調査問題②では、雲の成因に関する知識を活用して、資料を基に他者の考察を検討して改善し、水の状態変化と関連付けて雲の成因を適切に説明できるかをみている（図11）。例えば、天気図や地形の断面図、気温や湿度などの複数の資料を使って、島の上空だけに雲ができる理由を、対話を通して多面的・総合的に考察する場面が考えられる。その際、状態変化の概念が形成できていない生徒がいると考えられるため、水の状態変化や大気圧などの関連する知識を整理しておくことで、多面的・総合的に考えられるようにすることは大切である。

③ 先哲の考えを手掛かりに自分の考えを広げ深める

　平成30年度調査問題④では、ファラデーの「ロウソクの科学」からロウソクの燃焼に関する先哲の考えを手掛かりに、ガスバーナーの赤

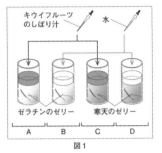

課題Ⅰ
キウイフルーツには、ゼラチンや寒天を分解するはたらきがあるのだろうか。

【方法】
① AとBにはゼラチンのゼリーを、CとDには寒天のゼリーを入れる。
　AとCにはキウイフルーツのしぼり汁を、BとDには水を入れる（図1）。
② しばらく時間をおき、AからDに変化があるかどうかを観察する。

図1

【結果】
表

A	B	C	D
変化あり（液状になった）	変化なし	変化なし	変化なし

図10　ゼラチンと寒天の分解を調べる実験

○ 図1は、1月24日に南側から撮影したS島の写真。
○ 図2は、S島を撮影したときの天気図。
○ 図3は、S島を撮影したときの、風の吹く方向に沿ったS島の断面図。
○ 表は、S島の1月23日から1月25日までの1日の平均気温と1日の平均湿度の記録。

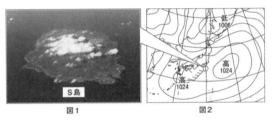

図1　　　　　図2

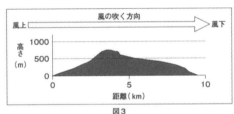

図3

表

月　　日	1月23日	1月24日	1月25日
1日の平均気温(℃)	5.9	9.2	12.6
1日の平均湿度(%)	66	71	64

図11　雲の成因を考える資料

ロウソクの炎に金網を当てると、ススがつきます。ロウソクの炎が赤いのは、ススが炎の熱によって輝くからです。

ガスバーナーの炎が赤いときは、ススの量が多いのかな。ガスバーナーの炎が青いときは、ススの量が少ないのかな。

図12　ロウソクの燃焼に関する先哲の考え

い炎を科学的に探究する場面を設定している（図12）。ここでは、化学変化の前後で「原子の種類と数」は変化しないという知識と、化学変化を原子や分子のモデルで表す［知識及び技能］を活用して、ガスバーナーの炎が赤いときの化学変化を表したモデルを検討して改善し、原子や分子のモデルで説明できるかをみている。例えば、［知識及び技能］を活用する授業を構成する際、身に付けた［知識及び技能］だけでは解決できない場面を設定することが考えられる。その際、「対話的な学び」の一例として、先哲や先人の考えを手掛かりにすることで困難を乗り越え、主体的に探究を進めることにより、自分の考えを広げたり深めたりすることも大切である。

3. 探究の過程全体を遂行できることを目指した単元及び授業の構成

　理科の授業では、課題の把握（発見）、課題の探究（追究）、課題の解決という探究の過程を通して学習活動を展開し、各過程において資質・能力が育成されるよう授業を構成することが大切である。この改善が、探究の過程全体を生徒が主体的に遂行できることにつながると考える。

　平成24年度調査問題１では、生徒がチューリップの花は開いているときと閉じているときがあることに疑問をもち、課題を設定して科学的に探究する学習場面を設定している（図13）。ここでは、生徒が探究の過程全体を遂行し、自らの課題を解決している様子を示している。また、探究を進める中で、生徒が自らの探究を振り返り、新たな疑問を見いだす場面も設定している。探究を振り返って新たな疑問をもつことは、さらに探究を深めたり、その後の探究への意欲を高めたりすることにつながるとともに、主体的に探究する活動を促す上でも大切である。

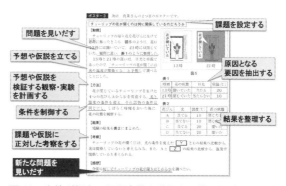

図13　生徒が探究の過程全体を遂行する学習活動を示した問題例

　生徒は、身近な事象に知的好奇心をもって関わり、自ら学ぶ意欲や態度をもっている。生徒は、事象について問われることで観察する視点が明確になり、思考が促され自分の考えをもつと同時に他者の考えを知りたくなり、対話を通した学びにつながると考える。

　このことを踏まえて、生徒が身に付けている［知識及び技能］を活用して思考することを促す問いを工夫すること、対話の場面を効果的に位置付けること、重点的に扱う探究の過程を明確にして単元及び授業を構成することが大切である。

1. 中学校理科の目標と調査問題作成の基本的な考え

（1）中学校理科の目標と調査問題の作成

　先に述べたように、平成29年版では理科の目標を次のように示している。

> 　自然の事物・現象に関わり、理科の見方・考え方を働かせ、見通しをもって観察、実験を行うことなどを通して、自然の事物・現象を科学的に探究するために必要な資質・能力を次のとおり育成することを目指す。
> 　（1）自然の事物・現象についての理解を深め、科学的に探究するために必要な観察、実験などに関する基本的な技能を身に付けるようにする。
> 　（2）観察、実験などを行い、科学的に探究する力を養う。
> 　（3）自然の事物・現象に進んで関わり、科学的に探究しようとする態度を養う。

　資質・能力を育成するためには、科学的に探究する学習過程の果たす役割が極めて重要であり、全ての学校において、自然の事物・現象から問題を見いだして生徒自ら課題を設定し、設定した課題を解決するなどの学習過程を踏まえた授業改善を図る必要がある。

　これまで実施してきた中学校理科の全国学力・学習状況調査においても、生徒が身に付けた〔知識及び技能〕を活用し、自然の事物・現象の中に見いだした問題から設定した課題を解決する学習場面を想定し出題している。調査問題を例に、学校においても授業実践が可能な教材を取り上げており、生徒が見通しをもって科学的に探究する学習過程を遂行できるように配慮して問題を作成している。

（2）調査問題作成の枠組みと資質・能力

　調査問題作成の枠組みを資質・能力で分類すると、表1のように整理できる。具体的には、「知識」「技能」の2つの視点は〔知識及び技能〕に、「分析・解釈」「構想」「検討・改善」「適用」の4つの視点は〔思考力、判断力、表現力等〕に分類できる。

　また、調査問題には、探究の過程を振り返り、探究の進め方や考え方が間違っていないかを考えたり、新たな疑問をもち問題を見いだしたりすることに関する問いがある。生徒は、課題の解決に粘り強く取り組み、自らの学習を調整しながら探究を進める中で、新たな気付きや疑問を発見することができると考える。ここでは、これらを〔学びに向かう

力、人間性等〕のうち「主体的に学習に取り組む態度」に関連するものとして考える。

そこで、平成27年度、平成30年度調査問題の結果及びそれに関連する質問紙調査項目の結果を基に、資質・能力の現状について考察する。

表1　全国学力・学習状況調査の調査問題の枠組みと評価の観点

視点	視点の概要	評価の観点
知識	自然の事物・現象についての基礎的・基本的な知識と理解	知識・技能
技能	観察や実験の操作、観察、実験の計画的な実施、結果の記録や整理など、自然の事物・現象を科学的に探究する技能の基礎に関する知識	
構想	基礎的・基本的な知識及び技能を活用して自然の事物・現象の中に問題を見いだして課題を設定し、予想や仮説を立てたり、観察や実験の条件を考えたりすることで観察や実験を計画すること	思考・判断・表現
分析解釈	基礎的・基本的な知識及び技能を活用して、観察や実験の結果などを分析して解釈すること	
検討改善	観察や実験の計画や結果の考察、日常生活や社会との関わりを思考するなどの各場面において、基礎的・基本的な知識及び技能を活用し、観察や実験の結果などの根拠に基づいて、自らの考えや他者の考えに対して、多面的、総合的に思考して検討、改善すること	
適用	日常生活や社会の特定の場面において、基礎的・基本的な知識及び技能を活用すること	

2. 中学生における理科の資質・能力の現状

（1）知識及び技能

知識については、平成29年版の趣旨を踏まえて次の2つに分類し、関連する全国学力・学習状況調査問題の調査結果を基に、知識に関する資質・能力の現状について述べる。

【事実的な知識】実験などを通して身に付ける基礎的・基本的な知識

【知識の概念的な理解】既有の知識及び技能と関連付けたり活用したりする中で、他の学習や生活の場面でも活用できるものとしての理解に関する知識

技能については、これまでの調査問題では、科学的に探究する技能の基礎に関する知識を問うており（表1）、観察や実験の操作技能を調査していないことから、ここでは技能の習得状況については触れないこととする。

①　事実的な知識

事案的な知識は、日常生活や社会の特定の場面において、個々の事象に関する知識や観察や実験の操作に関する知識を問うことで把握している。平成27年度、平成30年度調査において、事実的な知識に関連する問題の一部を結果とあわせて表2に整理した。この結果で判断すると事実的な知識についてはおおむね良好である。

表2　主に事実的な知識に関する調査結果（一部抜粋）

	年度	番号	問題の概要	正答率
1	30	9（1）	植物の葉などから水蒸気が出る働きを表す蒸散を選ぶ	88.1 %
2	30	8（1）	アルミニウムの原子の記号を選ぶ	83.7 %
3	27	1（1）	塩化ナトリウムの化学式を選ぶ	79.9 %
4	27	2（1）	天気図から風力を読み取る	77.9 %
5	30	6（2）	実験の結果の表から電流の値を読み取る	77.7 %
6	30	4（1）	ガスバーナーの空気調節ねじの場所を選ぶ	73.5 %
7	27	7（1）	消化酵素によって、デンプンが最終的に分解された物質の名称を選ぶ	72.6 %
8	30	6（1）	電流計の接続の仕方と電流計の電気用図記号を選ぶ	70.6 %

②　知識の概念的な理解

　知識の概念的な理解は、日常生活や社会の特定の場面において、事実的な知識と関連付けて活用する中で、他の場面でも活用できるものとして理解しているかを問うことで把握している。平成27年度、平成30年度調査から、知識の概念的な理解に関連する問題の一部を結果とあわせて整理したものが表3である。この結果で判断すると知識の概念的な理解については課題がある。

表3　主に知識の概念的な理解に関する調査結果（一部抜粋）

	年度	番号	問題の概要	正答率
1	27	3（1）	13時から16時の四つの気象観測の記録から、最も高い湿度を選ぶ	36.7 %
2	30	3（1）	台風の位置と現在の台風の周りの風向を示した図から、観測地点における風向を予想して適切なものを選ぶ	37.8 %
3	27	1（1）	濃度5％の塩化ナトリウム水溶液100gをつくるために必要な塩化ナトリウムと水の質量を求める	46.0 %
4	30	2（2）	特定の質量パーセント濃度のもの選ぶ	47.3 %
5	27	2（2）	天気図から風向を読み取り、その風向を示している風向計を選ぶ	48.6 %
6	30	6（2）	結果から電流の値を読み取り、オームの法則を使って抵抗の値を求める	52.3 %
7	27	1（3）	水上置換法では二酸化炭素の体積を正確に量れない理由を説明する	53.7 %

　例えば、表2の4「天気図から風力を読み取る」問題（図1）と表3の2「台風の位置と現在の台風の周りの風向を示した図から、観測地点における風向を予想する」問題の正答率に大きな差がある。このことから、風力や風向の観測方法や記録の仕方の知識は身に付いているが、台風に関する複数の情報（図2）から観測地点における風向を予想する場面において、日常生活と関連させて考えることができないことが分かる。

　生徒質問紙調査項目「理科の授業で学習したことを普段の日常の生活に活用できないか考えますか」に対する肯定的な回答（色網掛け）は5割以下である（図3）。同様の内容の学校質問紙調査では、9割以上が肯定的な回答をしていることから、指導者の思いが生徒に十分に伝わっていないことが考えられる。このことから、新たな知識と身に付けた

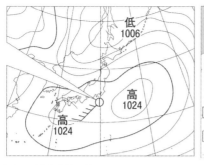

図1　風力を読み取る

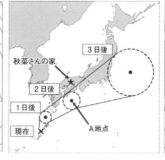

図2　台風に関する複数の情報

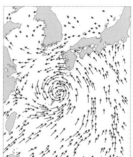

［知識及び技能］とを関連付けて活用する中で他の学習や生活の場面でも活用できるよう、指導の改善を図る必要がある。

　また、目的に応じて特定の濃度の食塩水をつくる際、必要な情報を選

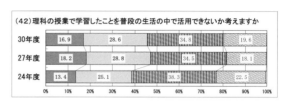

図3　生徒質問紙の経年変化（活用）

択して質量パーセント濃度を求める問題は、毎回出題しているが正答率は5割以下（表3の3、4）である。小学校算数においても割合に関する問題を多く出題している。例えば、百分率で求める問題（図4）の正答率は53.1％、一輪車に乗れる男女別の割合の大小を比較する問題（図5）の正答率は23.8％であり、「基準量、比較量、割合の関係を正しく捉えること」に課題があると報告されている。このことから、校種や教科等を横断的に捉え指導の改善を図るとともに、生徒の実態に応じた授業改善を進めることは大切である。

ある会場に子どもたちが集まりました。
集まった子どもたち 200 人のうち 80 人が小学生でした。
小学生の人数は、集まった子どもたちの人数の何％ですか。
下の **1** から **4** までの中から1つ選んで、その番号を書きましょう。

1　0.4 %

2　2.5 %

3　40 %

4　80 %

図4　平成 30 年度全国学力・学習状況調査算数
　　　A 大問8百分率

(3)　あやかさんは、学級の男子と女子ではどちらのほうが一輪車に乗れるかを調べてみようと思い、下のような男女別の表にまとめました。

一輪車に乗れる人調べ　　　　　　（人）

	乗れる	乗れない	合計
男子	9	6	15
女子	12	8	20

図5　平成 24 年度全国学力・学習状況調査算数
　　　B 大問5(3) 割合の大小

（2）思考力、判断力、表現力等

　［思考力、判断力、表現力等］とは、「社会や生活の中で直面するような未知の状況の中でも、その状況と自分との関わりを見つめて具体的に何をなすべきかを整理したり、その過程で既得の知識や技能をどのように活用し、必要となる新しい知識や技能をどのように得ればよいのかを考えたりするなどの力である」（一部省略）と平成 29 年版解説総則編に示されている。

このことを踏まえ、中学校理科における［思考力、判断力、表現力等］は、［知識及び技能］を活用して課題を解決するために必要な力であり、自然の事物・現象の中に問題を見いだし、見通しをもって観察、実験などを行い、得られた結果を分析して解釈して課題を解決したり、探究の過程を振り返ったりするなどの科学的に探究する力としている。ここでは、科学的に探究する力に関する資質・能力の現状について述べる。

① 課題を設定し、予想や仮設を基に観察や実験を計画する（構想）

調査問題では、解決可能な課題を設定したり、予想や仮説に基づいて観察や実験を計画したり、探究の過程を構想したりすることを問うことで把握している。平成27年度、平成30年度の調査から、構想に関する問題の一部を結果とあわせて整理したものが表4である。この結果で判断すると「課題を設定すること」及び「観察や実験を計画すること」については課題がある。

表4 構想に関する調査結果（一部抜粋）

	年度	番号	問題の概要	正答率
1	27	7（3）	キウイフルーツの上に置いたゼリーの崩れ方に違いが見られたという新たな疑問から、適切な課題を記述する	58.0％
2	30	4（2）	炎の色と金網に付くススの量を調べる実験を計画する際に、「変えない条件」を記述する	44.5％
3	27	1（5）	ベーキングパウダーの原材料で、気体の発生に関係しているのが、炭酸水素ナトリウムであることを特定するための対照実験を選ぶ	39.6％
4	27	6（2）	音の高さは、空気の部分の長さに関係しているという仮説が正しい場合に得られる結果を予想して選ぶ	30.4％
5	30	9（2）	植物を入れた容器の中の湿度が高くなる蒸散以外の原因を記述する	19.8％

※1は「課題を設定すること」、2〜5は「観察や実験を計画すること」に関する結果

「観察や実験を計画すること」に関する問題の正答率（表4の2〜5）は、全て5割以下である。また、全国学力・学習状況調査の報告書においても、課題解決の目的をもって変数を制御して観察や実験を計画することに課題があると示している。これらのことから、実験の目的に応じた条件を指摘し、条件制御の知識及び技能を活用して観察や実験を計画することができない生徒が比較的多いことが分かる。つまり、科学的に探究する上で大切な変化すること（従属変数）とその原因として考えられる要因（独立変数）を全て挙げ、その妥当性を検討し変える条件と変えない条件を整理するなど、条件を制御して観察や実験を計画する力が十分に育っていないと言える。

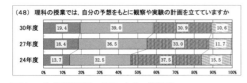

図6 生徒質問紙の経年変化（計画）

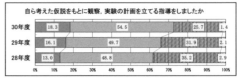

図7 学校質問紙の経年変化（計画）

生徒質問紙調査結果（図6）及び学校質問紙調査結果（図7）の経年変化から、生徒の予想や仮設を基に観察や実験を計画している授業の実施状況をみると、当てはまると回答している割合はどちらも2割以下である。また、どちらかと言えば当てはまるについては、生徒と指導者との認識に差がある。このことから、生徒が観察や実験を計画して探究す

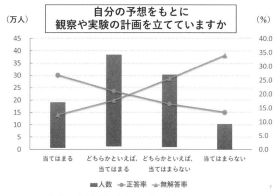

図8　正答率と生徒質問紙の相関関係

る経験ができるよう指導の改善が必要である。

　さらに、生徒質問紙調査項目「理科の授業では、自分の予想をもとに観察や実験の計画を立てていますか」の結果とこの質問に関連する問題の結果（表4の5）の相関をグラフに整理した（図8）。このグラフから、自分の予想を基に観察や実験の計画を立てて探究的な学習を経験している生徒は正答率が高く、経験が少ない生徒は正答率が低いことが分かる。このことから、資質・能力を育成する上で授業が大切であると言える。

② 　結果を分析・解釈し考察する（分析・解釈）

　調査問題では、事象の観察から抽出した要因や実験の結果などの情報を分析・解釈し、判断したり推論したりすることを問うことで把握している。平成27年度、平成30年度調査から、分析・解釈に関する問題の一部を結果とあわせて整理したものが表5である。この結果で判断すると分析・解釈についてはおおむね良好である。

表5　分析・解釈に関する調査結果（一部抜粋）

	年度	番号	問題の概要	正答率
1	30	6（3）	豆電球と豆電球型のLEDの点灯の様子と電力との関係について適切なものを選ぶ	91.5 %
2	30	2（3）	「アサリが出した砂の質量は明るさに関係しているとはいえない」と考察した理由について適切なものを選ぶ	80.0 %
3	30	7（2）	緊急地震速報を受け取ってからS波による揺れが始まるまでの時間が最も長い観測地点について適切なものを選ぶ	78.8 %
4	27	7（2）	キウイフルーツがゼラチンや寒天を分解する働きを説明した記述として適切なものを選ぶ	76.8 %
5	27	1（4）	炭酸水素ナトリウムを加熱したときの質量の変化のグラフから、温度と化学変化の記述として適切なものを選ぶ	74.0 %

　質問紙調査の経年変化（図9、10）から、7割以上の生徒及び指導者が観察や実験の結果を基に考察していると肯定的な回答をしている。多くの生徒が、観察や実験の結果を分析・解釈して規則性や関係性を見いだして表現する学習を経験していることが分かる。また、平成30年度全国学力・学習状況調査の報告書にも、身に付けた［知識及び技能］を

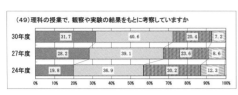

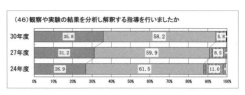

| 図9 | 生徒質問紙の経年変化（分析・解釈） | 図10 | 学校質問紙の経年変化（分析・解釈） |

活用して、観察や実験の結果を分析して解釈することには改善がみられると示していることから、結果を分析・解釈して考察する力は、十分とは言えないが育成されつつあると考える。

③　自分や他者の考えを検討・改善して妥当性の高い考察にする（検討・改善）

　調査問題では、［知識及び技能］を活用し、観察や実験の結果などの根拠に基づいて、自らの考えや他者の考えに対して多面的、総合的に思考し、検討して改善することを問うことで把握している。平成27年度、平成30年度調査から、検討・改善に関する問題の一部を結果とあわせて整理したものが表6である。この結果で判断すると検討・改善については課題がある。

表6　検討・改善に関する調査結果（一部抜粋）

	年度	番号	問題の概要	正答率
1	27	1（2）	同じ量の水に同じ量の炭酸水素ナトリウムと硫酸ナトリウムをそれぞれ加えたとき、どちらが炭酸水素ナトリウムであるかを選ぶ	33.4％
2	27	4（1）	実験の結果から、凸レンズによる実像ができるときの、像の位置や大きさについて適切な説明を選ぶ	44.5％
3	30	4（3）	化学変化を表したモデルを検討して、原子や分子のモデルで記述する	50.0％
4	30	3（3）	シミュレーションの結果について考察した内容を検討して、台風の進路を決める条件を記述する	52.8％
5	30	2（4）	要因が複数あると考えられる実験を検討して、1つの要因を変えるとその他にも変わる可能性のある要因を記述する	61.9％

　平成27年度、平成30年度の全国学力・学習状況調査の報告書において、考察を書いたり説明したりできない理由の1つとして「生徒が、観察や実験で何を調べようとしているかを明確に把握していない」ことを指摘している。自他の考えを検討して改善する際にも同様であり、「予想や仮説と観察や実験の結果が一致しているか」や「課題に正対した課題になっているか」などの視点を把握した上で行うことが大切である。

　生徒及び学校質問紙調査項目「理科の授業で、自分の考えや考察をまわりの人に説明したり発表したりしている」に対する肯定的な回答は約4割と低いが（図11）、対象が全ての教科になると肯定的な回答は約8割である（図12）。資質・能力を育成する上で、対話を通して自他の考えが深まったり広がったりすることを実感できるようにすることは大切であるが、理科の授業では、その学習の経験が少なく、自分の考えを他者に伝えずに一部の考えを検討・改善していることも考えられる。このことから、自分や他者の考えを検

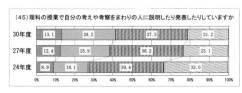

図11　生徒質問紙の経年変化（伝える）

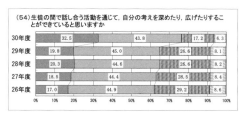

図12　生徒質問紙の経年変化（検討・改善）

討・改善して妥当性の高い考えにする力は十分に育成されておらず、指導の改善が必要である。

（3）学びに向かう力、人間性等（主体的に学習に取り組む態度）

　生徒が「どのように社会や世界と関わり、よりよい人生を送るか」に関わる［学びに向かう力、人間性等］とは、社会や生活の中で生徒が様々な困難に直面する可能性を低くしたり、直面した困難への対処方法を見いだしたりできるようにすることにつながる力のことである。これには、主体的に学習に取り組む態度や、自己の感情や行動を統制する力、よりよい生活や人間関係を自主的に形成する態度等が必要となる。これらは、自分の思考や行動を客観的に把握し認識する、いわゆる「メタ認知」に関わる力を含むものと考える。

　これまで、このような資質・能力を把握することを目的とした問題は出題していない。しかし、探究を振り返って新たな疑問をもったり、探究の方法が適切なのかを見直したりすることについては、調査問題や生徒質問紙調査で把握している。これらは、探究に粘り強く取り組むことや自らの学習を調整しようとすることに関連すると考え、その結果を基に、［学びに向かう力、人間性等］の中でも、主に主体的に学習に取り組む態度に関する資質・能力の現状として述べる。

　平成30年度調査問題⑧では、探究の過程を振り返り、新たな疑問をもち問題を見いだし、探究を深めようとしているかをみている。また同年調査問題⑨（2）では、考察において新たな問題を見いだして課題を設定し、実験を計画する際に、これまでの探究を振り返り、前の実験方法も含めてその妥当性を検討・改善できるかをみている（図13）。この結果から、多くの生徒は、新たな疑問をもち、さらに探究を深めようとする意欲や、学習内容と関連させて

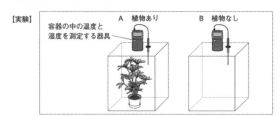

図13　平成30年度全国学力・学習状況調査理科大問⑨（2）

考えようとする態度があることが明らかとなった。しかし、探究をさらに進める上で、これまでの探究を振り返り、新たに課題を設定したり、実験方法を検討・改善したりするところまでは至っていない。これにつ

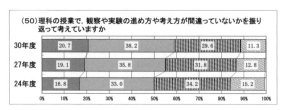

図14　生徒質問紙経年変化（振り返り）

いては、生徒質問紙調査の経年変化（図14）から、学習の経験不足が原因のひとつと考えられる。粘り強く取り組む中で、自らの学習を調整しながら探究を進めていく上では、批判的思考（クリティカル・シンキング）で探究を振り返ることや、対話を通してより妥当な考えをつくりだす学習経験は大切である。

第 II 章

中学校理科における
カリキュラム・マネジメント

第1節 中学校理科で育成したい資質・能力と目指す生徒像

1. 探究の過程を成立させた授業によって育成される生徒像

平成29年版では、次のような課題や展望が指摘されている。まず、「教育内容の見直し」では、次のように示されている。

> 国際調査において、日本の生徒の、理科が「役に立つ」、「楽しい」との回答が国際平均より低く、理科の好きな子供が少ない状況を改善する必要がある。このため、生徒自身が観察、実験を中心とした探究の過程を通じて課題を解決したり、新たな課題を発見したりする経験を可能な限り増加させていくことが重要であり、このことが理科の面白さを感じたり、理科の有用性を認識したりすることにつながっていく。

また、「資質・能力を育成する学びの過程についての考え方」には、改善の方策として、次のように示されている。

> 理科においては、課題の把握（発見）、課題の探究（追究）、課題の解決という探究の過程を通じた学習活動を行い、それぞれの過程において、資質・能力が育成されるよう指導の改善を図ることが必要である。そして、このような探究の過程全体を生徒が主体的に遂行できるようにすることを目指すとともに、生徒が常に知的好奇心を持って身の回りの自然の事物・現象に関わるようになることや、その中で得た気付きから疑問を形成し、課題として設定することができるようになることを重視すべきである。

こうして、平成29年版解説理科編では「指導の重点等」として、科学的に探究するために必要な資質・能力を育成するために、各学年で主に重視する探究の過程が次のように整理されている[3]。

- ・第1学年：自然の事物・現象に進んで関わり、その中から問題を見いだす
- ・第2学年：解決する方法を立案し、その結果を分析して解釈する
- ・第3学年：探究の過程を振り返る

2.「自然の事物・現象に進んで関わり、その中から問題を見いだす」授業とは

　第1学年で重視する「問題を見いだす」探究の過程では、自然の事物・現象に進んで関わりながら問題を見いだすことを求めている。生徒は、どのような導入によって、自然の事物・現象に進んで関わろうとするのであろうか。

　次の事例は、大項目「生物の体のつくりと働き」の「（ウ）動物の体のつくりと働き」の呼吸の学習における肺の働きを見いだす探究の過程の導入の場面である。

　教師は、図1のように、ブタの肺に気管につながるチューブから空気を入れ、生徒が驚くような事象を提示し、課題設定から、仮説形成に至るまでを見通した導入を展開している。

　教師が行った事前調査で、この授業に臨む前の生徒は「肺は風船のように中身が空洞である」という素朴な考えを有していることが分かった。そこで、図1は、肺のつくりを観察させる授業の導入で、教師がブタの肺に気管から空気を入れ膨らませている様子である。ここで、教師は、生徒にアイスピックを持たせて、膨らんだ肺に刺したらどうなるのか問いかけていく。次は、そのときの教師と生徒の発話である。（Tは教師の発話であり、S$_A$以下は生徒の発話である。Sは多数の生徒による同一の発話である。）

T$_1$：じゃあいきますよ。入れていきます。これさ、空気入れたらどうなると思う？

S$_A$：膨らむ。

S$_B$：風船みたいに膨らむ。

T$_2$：膨らむ。膨らまないっているよね？

S$_C$：膨らまない。

T$_3$：じゃあ、いきますよ。

（一気に肺に息を入れて膨らませる）

S　：うわー。

S　：うおー。

S　：すごいー！

S$_D$：もう一回！

図1　膨らませた肺にアイスピックを刺す生徒

T$_4$：じゃあ、もう一回膨らませるから、これさ、今、いいですか。このあと、みんなには、肺がどういうつくりをしているかっていうのを考えてもらいます。だから、これよく見てて。考えながら、いくよ。

S　：うおー。

S　：すごい。

T$_5$：では、自分が考える肺のつくりっていうのを描いてください。図や言葉で描いてください。肺はこういうつくりをしていると思うっていうのを。

（中略）

T₆：同じ感じ？なんか描いてたよね？

Sᴇ：中が空洞になっている。

T₇：はい、今、Sᴇ君が言ってくれたのは、中がね、風船みたいだから、空洞になっているって言ってくれました。これ以外の意見ありますか？

Sꜰ：えっと、肺の中にさらに小さいなんか変な袋？みたいなのがたくさんあって、それが空気を入れ込むことによって、膨らむ。

T₈：肺の中にさらに小さな袋がある。じゃあ、肺がこう、あるとして、この中に小さい袋がある？

Sꜰ：たくさん。

T₉：ちょっと違う？ちょっとさ、Sꜰさんの絵を見せてください。参考にさせて。なるほど。今言ってくれたのは、ちょっと見てください。さっきはね、風船みたいに1枚の袋じゃないかっていう意見が出たんですけど、今度はこの中に、なんか、小さい袋の集まりがあるんじゃないかって、これが膨らむってこと？

Sꜰ：はい。

T₁₀：っていう意見がありました。この他にありますか？いいですか？今、1つの袋っていう意見と、袋が中にたくさんあるんじゃないかっていう意見が出ました。では、これからある実験をしたいと思います。今、さっき膨らましたよね。膨らました状態で、ここに、太い針があるので、これで穴をあけたいと思います。

S：えっ。

　この導入の過程を通して教師は、肺のつくりについて、課題を立て仮説の形成までを見通していることが分かる。この授業の課題は「肺のつくりはどのようになっているのだろうか」であった。課題は、いわば生徒にとっての問いであり、教師が「……しよう」と行動目標として示すものではない。課題は、生徒の疑問に基づいて導き出されるもので、課題を立てるまでの導入の過程をどう組み立てるのかが重要となる。今後は、この導入の過程をどうするのか。学習指導案にもその指導が詳細に記述されるようになるとよい。

　この導入は、自然の事物・現象に進んで関わり、問題を見いだす事例と言える。つまり、教師が導入で大切にしていることは、生徒が授業前に有している「素朴概念（素朴な考え・既有の考え）」を顕在化し、予想・仮説につなげようとしていることである。素朴概念は比較的強固で科学的な考えに変容しにくいとされる。導入のSʙやSᴇの発話から、肺は風船のように中が空洞になっているという素朴な考えを有していることが分かる。こうして、素朴な考えを科学的な考えに転換させるために必要なのが認知的な葛藤を生起させる導入である。この導入は、肺の中が空洞になっていると素朴な考えをもつ生徒が認知的な葛藤を引き起こすことを意図した導入と言える。

　このように、教師は自然の事物・現象に進んで関わる生徒を育てるために、生徒の素朴な考えを明らかにして葛藤を引き出す導入を工夫するとよい。この学習過程は、生徒から

飛び出してくる発話を拾い、疑問をクラス全体に広げ、様々な考えをぶつけ合わせながら認知的な葛藤を生起させる教師の授業力に支えられている。これからの授業では、このような導入を経て、課題の設定から予想・仮説の形成が見通され、主体的に学習に取り組む態度が涵養されるようにしたい。

3. 「考え方」を働かせて〔思考力、判断力、表現力等〕の資質・能力を育成する

　平成29年版解説理科編では、「考え方」を「探究の過程を通した学習活動の中で、例えば、比較したり、関係付けたりするなどの科学的に探究する方法を用いて考えること」として整理することができるとしている。つまり、理科における「考え方」とは、「科学的に探究する方法を用いて考えること」である。小学校理科の「考え方」として示されていること（比較、関係付け、条件制御、多面的に考える）は、科学的に探究する方法を用いて考えることのひとつに含まれる概念である。

　つまり、「考え方」は、物事をどのように考えていくのかということであり、資質・能力としての思考力や態度とは異なるとされる。平成29年版解説理科編を踏まえて、これからの理科授業は「科学的に探究する活動を通して、科学的な思考力、判断力、表現力等を育成する」こととなる[5]。〔思考力、判断力、表現力等〕の資質・能力は、科学的に探究する方法を用いて考えることで育成される。

　問いは解決したのか、問いを解決する途中の過程はどうすれば妥当な手続きとなるのか、考察は課題と正対しているのかなど、科学的に探究する方法を用いて考えることで、〔思考力、判断力、表現力等〕の資質・能力を日々の授業の中で育成することとなる。

　そこで、今後は次のような取組によって、生徒に身に付く資質・能力の育成を実証しながら、実践を試みるとよいであろう。

　例えば、思考力を育成する探究の過程とは、どのような学習過程なのだろうか。判断力や表現力を育成する探究の過程とはどのような学習過程なのだろうか。

　例えば、思考力を育成する探究の過程とは、「予想・仮説」に基づき「問題・課題」を解決するために「解決方法を立案する」ことであると、教師が授業を実践する上での仮説を立てるとよい。

　同様に、表現力を育成する探究の過程とは、「問題・課題」と「予想・仮説」に対して結果を的確に表出することであると、教師が授業を実践する上での仮説を立てるとよい。

　判断力を育成する探究の過程とは、「考察・結論」が、「予想・仮説」と「結果」を比較して、「問題・課題」に正対した答えとして妥当かどうかを判断することであると教師が実践する上での仮説を立てるとよい。

　このように、授業を実践する上で、学習過程を構成する各過程の関係の成立に着目した仮説を教師が立て、授業の実践を通して実際に生徒に育成された資質・能力がどのような

ものかを検証するとよい。

　教室という文脈の中の理論を何度も精査し洗練させながら他の文脈にもあてはめようとすることで、授業の改善を図りたい。これまでのように、全ての授業は異なるものであるという状況論的な観点に立って分析される授業は一般化されにくいが、前者のように、核となる実践上の仮説に基づいて行われる授業を通して、生徒に身に付いた資質・能力の実態を検証しようとする取組が今後の授業研究にとって重要な点となろう。

　前述の視点を変えれば、思考力の育成は、主として「解決方法の立案」に焦点をあて、表現力の育成は、主として「結果の表出」に焦点を当てる。さらに、判断力の育成は、主として「考察・結論の妥当性」に焦点を当て、生徒の資質・能力の育成を検証しようとする試みとして捉えることもできる。

　思考力と判断力は分けられるのか、思考力とはどのようなものかなど、終わりのない議論をするのではなく、今後は、生徒に資質・能力の育成を図る実践者として、一歩前に踏み出すための仮説を立て、これを検証する授業を展開する必要がある。

　このように、学習指導要領の下で、「科学的な探究の特徴」と「思考力、判断力、表現力等を育成する方法」を関連付ける授業実践が求められている。

4.　資質・能力を育成する学習過程の成立によって育成される生徒

　前述のとおり、例えば思考力を育成するとした探究の過程で、「観察、実験」の立案が、「予想・仮説」に基づき「問題・課題」を解決するために立案する過程となっている授業が実現されたとする。その結果、生徒は、「解決の方法を立案する学習活動」で、予想や課題を振り返る力を身に付けることとなるであろう。

　思考力は、生徒が対象に対して自分で目標を設定し、既有の体系と意味付けたり、関係付けたりして、新しい意味の体系を構築していくことにより育成される。ここでいう「意味付け」「関係付け」とは、違いに気付いて比較する、観察しようとする事象と既有知識とを関係付けるなどの操作がある。そこで、比較したり関係付けたりする操作を生徒に考えさせることで思考のスキルを獲得させる。こうした過程が解決の方法を立案する過程に存在している。

　次に、前述のとおり、判断力を育成するとした探究の過程で、「考察・結論」は、「予想・仮説」と「結果」を比較して、「問題・課題」に正対した答えとして妥当かどうかを判断する過程が実現されたとする。その結果、生徒は、考察しようと活動するとき、自らの予想・仮説と結果を比較して、問題・課題に対する答えとなるように振り返り判断する力を身に付けるようになる。

　さらに、前述のとおり、表現力を育成するとした探究の過程で、生徒が結果を表現しようと活動するとき、得られたデータを課題と予想・立案を踏まえて表現する力を身に付け

るようになる。「表現」とは、対象に働きかけて得た情報を目的に合わせて的確に表すことである。

　平成29年版では、「平成20年改訂の学習指導要領の成果と課題」として、次の指摘がなされた。

> 理科を学ぶことに対する関心・意欲や意義・有用性に対する認識について改善が見られる一方で、諸外国と比べると肯定的な回答の割合が低い状況にあることや、「観察・実験の結果などを整理・分析した上で、解釈・考察し、説明すること」などの資質・能力に課題が見られる。

　そこで、前述のとおり、教師は、探究の過程を構成する各過程の関係に焦点をあて、生徒がストーリーの一貫した探究の授業を繰り返し受けることで、理科を学ぶことに対する意義や有用性に対する認識が深まり、そこで身に付けた資質・能力を日常生活の中で発揮できる生徒が、より一層現れるようになるであろう。

第2節 中学校理科におけるカリキュラム・マネジメントを進めるために

1. 校種を超えて学習指導要領の総則と理科の理念を理解する

中学校理科のカリキュラム・マネジメントを進めるに当たって、平成29年版（小中）、平成30年版の理科だけでなく総則について、校種を越えて理解することが大切である。何よりも学習指導要領の理念を理解したい。その1つの方策として、学習指導要領の理念をA3サイズ程度の用紙にポンチ絵として表すことが挙げられる。図1は、平成29年版（小中）、平成30年版の総則と理科の学習指導要領の理念を「日本の理科教育の在り方」の例として大学院生が作成したポンチ絵である。ここで言うポンチ絵とは、風刺画のことではない。文字だけでなく枠や矢印などを使い概要を視覚的に分かりやすくまとめた大枠を示した図のことである。教員の多忙化が注目されている今、「忙しくてポンチ絵の作成なんてできない」と言われそうだが、「学習指導要領が校門や教室の中に入っているか」と揶揄されることもある。ポンチ絵の作成は、学習指導要領の理解がなければできない。さらに作成することで理解をより深める。さらには、学習指導要領が改訂されるまでの10年程度は通用する。実践を通してポンチ絵をブラッシュアップすることは、理科におけるカリキュラム・マネジメントの一環と言えるのではないだろうか。

このポンチ絵の作成は、学習指導要領の総則と理科の理念を理解する方策の1つの例である。それぞれの状況に応じた方法で、学習指導要領の総則と理科の理念を理解したい。そのことが、理科で生徒の資質・能力を育成することに資するからである。

2. 中学校だけでなく小学校と高等学校における理科の目標と内容を理解する

中学校理科のカリキュラム・マネジメントを進めるに当たって、平成29年版（小中）、平成30年版の理科の目標と内容について理解することが大切である。そして、中学校だけでなく小学校と高等学校についても理解することが、中学校理科の内容のまとまりにおいて単元等を構想し授業をつくり実践する上で大切なことである。単元等を構想し実践するに当たり、中学校だけでなく小学校と高等学校の理科の目標と内容を踏まえ、その内容のまとまりと単元等における重要な科学的な概念を捉えることで、的を射た充実した授業を行える。

中学校理科の目標と内容の理解は当然としても、平成29年版小学校解説理科編と平成

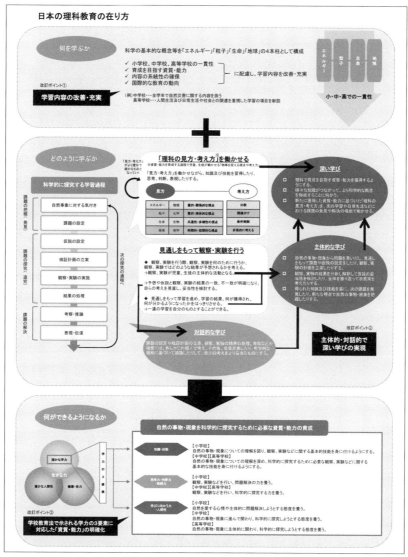

図1　学習指導要領の理念を「日本の理科教育の在り方」としてまとめた例（2018）
　　　横浜市立大学大学院修士課程1年（作成当時）の小林菜月氏が作成

　30年版解説理科編理数編を熟読して理解することは、その量からして困難なことである。扱う内容のまとまりと単元等の重要な科学的な概念を把握するために、詳細は無理にしても概観は把握するようにしたい。平成30年版解説理科編理数編に掲載されている「エネルギー」「粒子」「生命」「地球」を柱とした内容の構成から、小学校から高等学校の基礎の科目までの内容の関連や系統を把握することができる。また、「思考力、判断力、表現力等及び学びに向かう力、人間性等に関する学習指導要領の主な記載」が掲載されている。内容とあわせて育成する資質・能力の系統を把握することができる。中学校だけでなく、これまで学んできたことを踏まえたり、これから学ぶであろうことも視野に入れたりして、単元等を構想し授業をつくり実践することが大切である。

3. 理科教育の在り方の理解を基に理科教員としてのポリシーをもって授業に臨む

　理科におけるカリキュラム・マネジメントを進めるには、総則と理科における学習指導要領の理解の下、「理科におけるありたい教員像」を明らかにすることも大切である。これも、学習指導要領が改訂されるまでの 10 年程度は通用するものである。また、理科を担当する教員としてのバックボーンとなるものである。多くの教員は、理科を指導するに当たり、日々の授業において学習指導や学習評価の在り方を踏まえたポリシーをもって臨んでいることであろう。その頭の中にある理科に対する考えを、「理科におけるありたい教員像」として可視化するのである。可視化することで、理科における自身の目指している教員像が明確になる。これもポンチ絵として表すことを提案する。忙しい日々、ポンチ絵の作成は大変なことである。できる範囲で始めてブラッシュアップしていきたい。作成して終わりではない。日々の授業において気付いたことや分かったことなどを反映していくのである。理科の教員像のポンチ絵をブラッシュアップしていくことは、理科におけるカリキュラム・マネジメントの一環と言えるのではないだろうか。図 2 は、大学院生が作成した「理科におけるありたい教員像」のポンチ絵の例である。現在は中学校理科の教員である。このポンチ絵の今後のブラッシュアップは、学び続ける理科の教員としての証であろう。

　このポンチ絵の作成は、1 つの方策である。理科で生徒の資質・能力を育成するためには、理科教育の在り方を理解して理科教員としてのポリシーをもって理科の授業に臨むことが大切である。

4. 理科の教科会として共通な認識を図り、目標の実現に向けて指導に当たる

　理科におけるカリキュラム・マネジメントを進めるには、学校のカリキュラム・マネジメントの下、目の前の生徒の実態に応じて、理科の教科会など組織として共通な認識をもって、学校教育目標や学習指導要領に位置付けられている理科の目標の実現に向けて指導に当たることが大切である。そのためには、学校としての理科のグランドデザインを考え表現することが有効と考えられる。これも作成して終わりではない。日々の授業における情報を反映させていくのである。また、生徒の実態も年度によって違うであろう。理科のグランドデザインをブラッシュアップしていくことは、まさに理科におけるカリキュラム・マネジメントの一環と言えるのではないだろうか。図 3 は、中学校理科のグランドデザインの例である。今後のブラッシュアップは、学校における理科の教科会としてのカリキュラム・マネジメントの現れと言えるだろう。

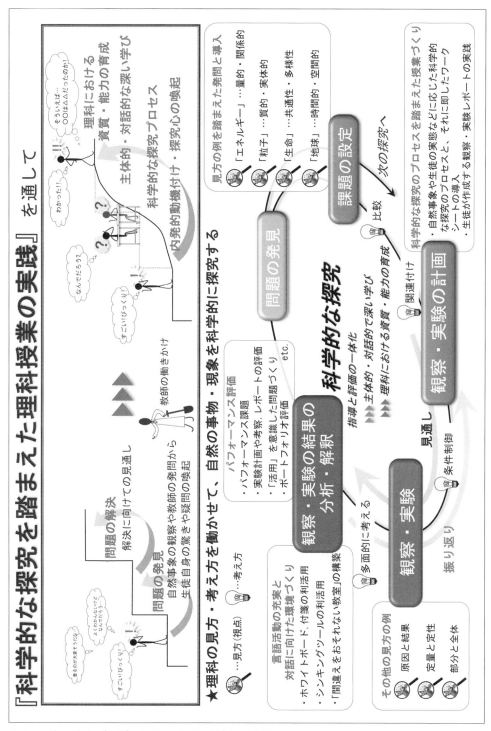

図2　平成29年版（小中）、平成30年版の理念を踏まえた
　　　「理科におけるありたい教員像」の例（2018）
　　　中央大学大学院修士課程2年（作成当時）の市之瀬理沙氏が作成

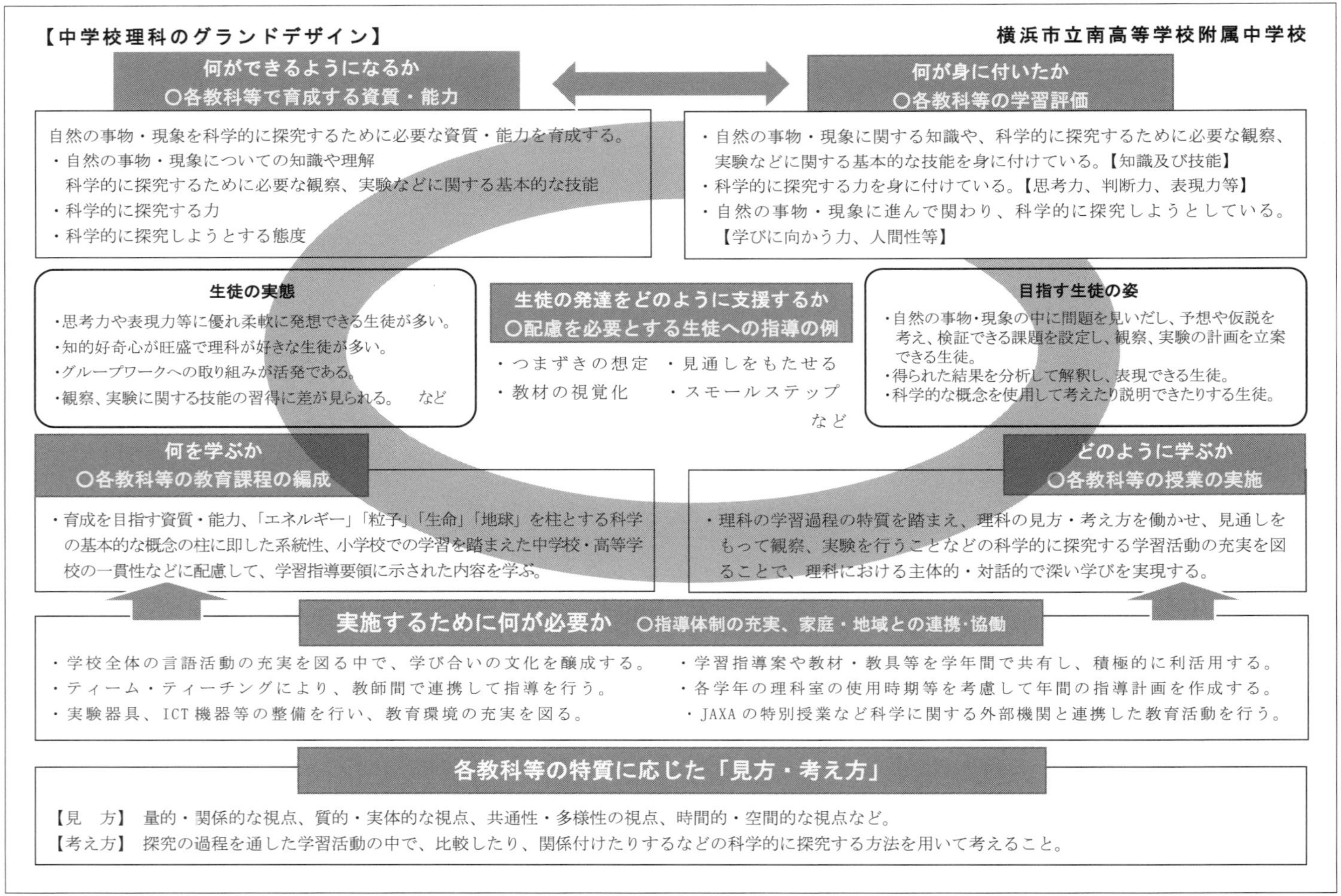

図3　中学校理科のグランドデザインの例（2019）
　　　平成29年版を踏まえて横浜市立南高等学校附属中学校が作成

第3節 カリキュラム・マネジメントに位置付いた授業づくり

　授業において、中学校理科に関する知識や技能を習得し、科学的に探究する力を育成して、科学的に探究しようとする態度の涵養を図ることが大切である。そのため、単元等を構想して授業づくりに取り組む際、拠りどころになるものは、教科書ではなく学習指導要領である。単元等を包含する学習指導要領の内容のまとまりを読み込み、その目標と内容を把握して、単元等の本質を押さえた上で、単元等や授業の目標を実現するために、教科書を適切かつ効果的に使って授業を進めたい。また、理科のカリキュラム・マネジメントに位置付いた授業づくりとその実践は、次の①から⑦の過程に整理できる。

　①平成29年版における理科の目標と内容から単元等を構想する
　②単元等において育成する資質・能力（目標）と評価規準を設定する
　③育成する資質・能力から単元等のストーリーや文脈を考え計画を立てる
　④単元等における指導と評価の計画を立てる
　⑤「指導に生かす評価」を基に「指導と評価の一体化」を通して授業を実践する
　⑥「指導に生かすとともに記録して総括に用いる評価」を行う
　⑦単元等を振り返りブラッシュアップを図って次年度に備える

　⑥と⑦における「指導に生かす評価」と「指導に生かすとともに総括としても生かす評価」という表記を本書では採用している。学習評価は、児童生徒の資質・能力を育成するために、学習とその指導をよりよくするために大切である。「指導と評価の一体化」において、評価を指導に生かした単元等の構想と授業づくりが求められる。

1. 平成29年版における理科の目標と内容から単元等を構想する

　内容のまとまりに、育成したい資質・能力を踏まえ、単元等のまとまりを位置付けて構想する。また、その際、当該の学年や中学校だけでなく、単元等のまとまりに関して、他の学年や校種の平成29年版と平成30年版の目標と内容を基に、その単元等における大切なこと、貫く科学的な概念、理科の見方・考え方などを捉えることで、「これまで」と「これから」を踏まえた単元等を構想する。

　生徒は状況や文脈に依存する場合がある。ある教科等で学んだことは、その教科等だけで生かしたり考えたりすることがある。それを打破するためには、単元等を構想する際、教科等横断的な視野をもつことが大切となる。また、理科の中でも当該の分野と内容のまとまりだけでなく、他の分野や内容のまとまりとの関連も踏まえて単元等を構想したい。

さらには、単元等に関する生徒の状況や、単元等を通して育成したい資質・能力に関わる生徒の実態などを捉え、それらを踏まえた学習後の望まれる生徒の姿を想定する。その望まれる姿から、単元等を構想する。本書のⅢ章「資質・能力を育成する中学校理科の実際」において、各2ページ目の最後に示している「目指す生徒像」と、各3ページ目の「単元等で目指す生徒像の育成に向けてのポイント」を参照されたい。

このように、単元等を構想して授業をつくるには、「平成30年度全国学力・学習状況調査の調査結果を踏まえた理科の学習指導の改善・充実に関する指導事例集～主体的・対話的で深い学びを通して科学的に探究する力を育成する～【中学校】」（国立教育政策研究所、2020）に示されている「単元構想及び授業構想図」（図1）を参考にしたり、そのフォーマットを使用したりするとよい。

2. 単元等において育成する資質・能力（目標）と評価規準を設定する

単元等に相当する平成29年版の目標と内容から、〔知識及び技能〕〔思考力、判断力、表現力等〕〔学びに向かう力、人間性等〕の3つの資質・能力の柱に即して、育成する資質・能力（目標）を設定する。単元等によっては、平成29年版の文章をそのまま当てる場合もある。目標の文末の表現は「～する（こと）」となる。

その目標を踏まえて、評価規準は、「知識・技能」、「思考・判断・表現」、「主体的に学習に取り組む態度」の3つの観点に即して設定する。評価規準の文末の表現は、目標の文末「～する（こと）」を、「知識・技能」と「思考・判断・表現」は「～している」または「～することができている」、「主体的に学習に取り組む態度」は「～しようとしている」のように、生徒が実現している状況として記述する。そのような生徒の状況が見て取れる場合、「おおむね満足できる」状況と判断する。なお、評価規準を設定するに当たっては、『「指導と評価の一体化」のための学習評価に関する参考資料』（国立教育政策研究所、2020）を参考にしたい。また、「学習評価の在り方ハンドブック（小・中学校編、高等学校編）」（国立教育政策研究所、2019）が国立教育政策研究所のWebサイトで提供されているので、学習評価を進めるに当たって参考にするとよい。ただし、国立教育政策研究所は文部科学省の直轄の機関ではあるが、これらは参考資料やハンドブックであることに留意したい。学習指導要領を基に教育課程を編成するのは各学校である。各学校は、学習指導要領や根拠となる法令等を基にして、国立教育政策研究所や設置者等から発出される資料等を参考に、何よりも学校の実情や生徒の実態を踏まえて、教育課程を編成しカリキュラム・マネジメントを推進することが大切である。教育課程の編成・実施・評価・改善において、各学校の批判的思考（クリティカル・シンキング）や創意工夫などが求められる。

指導改善のための単元構想及び授業構想図　～事例A『多様な観点や基準によって生物を分類する』～

【授業改善の視点】【他者の視点】
「自分や他者の考えを分析・解釈し、自分の考えと比較、関連付けて検討・改善する」に加えて、考えを分析・解釈する視点や、自己の考えを改善する視点を設定することが大切である。本事例では、提示された生物の分類結果を、生物の共通点や相違点から自分や他者の考えを検討・改善する活動を展開する。

【調査で見られた課題】
自分や他者の考えを検討・改善することに課題がある。

1. 学習指導要領での扱い（大項目）
(1)いろいろな生物とその共通点
身近な生物についての観察、実験などを通して、次の事項を身に付けることができるよう指導する。
ア　いろいろな生物の共通点と相違点に着目しながら、次のことを理解するとともに、それらの観察、実験などに関する技能を身に付けること。
　身近な生物についての観察、実験などを通して、いろいろな生物の共通点や相違点を見いだすとともに、生物を分類するための観点や基準を見いだして表現すること。
イ　身近な生物についての観察、実験などを通して、いろいろな生物の共通点や相違点を見いだすとともに、生物を分類するための観点や基準を見いだして表現すること。

2. 単元（中項目）の計画（6時間）
第一次：生物の観察（4時間）
第二次：生物の特徴と分類の仕方（2時間）
　いろいろな観点から、いろいろな生物を分類してクイズをつくり、その妥当性を検討・改善する（本時　1／2）

3. 授業の概略（本時の狙い、学習の課題、学習活動等）
○本時の狙い
系統的分類ではない観点を基に身近な生物を分類し、その結果を分析・解釈することによって、多様な分類があることに気付き、共通点や相違点を基にした分類の仕方やクイズの意味を指摘することができる。
○学習の課題：「観点を設定して身近な生物を分類しよう」
○学習活動
(1) 身近な生物を分類した結果から、分類の観点を考え、本時の課題を設定する。
(2) 生物の共通点と相違点に着目し、二人一組で観点を設定して分類する。
(3) 分類した結果を班で説明し、分類の妥当性を検討・改善して、観点を当てるクイズをつくる。
(4) クイズを行い、分類の妥当性、対話を通して検討・改善する。
(5) 本時のまとめをして、学習した場合の授業の展開。
＜分類した生物をグループで校分かれの図（樹形図）上に表し、分類の観点を二つに設定する場合の授業の展開＞
■　二つの観点を三つの観点で展開

【授業の見所や伝えたいメッセージ】
○系統的分類ではない観点（や基準）を設定して生物の共通点や相違点を基に分類し、その結果を分析・解釈する学習活動やクイズづくりなどを楽しみながら行う。
○分類の観点（や基準）を推論し、対話を通して自他の考えを検討・改善する。二つの観点を三つに設定する。
○分類の仕方を通して、分類の仕方の基礎を身に付けるとともに科学的に探究する意欲を高めることが大切である。

4. 評価規準
○単元（中項目）の評価規準

知識・技能	思考・判断・表現	主体的に学習に取り組む態度
いろいろな生物と相違点に着目しながら、生物の観察、実験などに関する技能を身に付けている。いろいろな生物の共通点や相違点についての観察、実験などを通して、生物を分類するための観点や基準についての基本的な概念や原理・法則などを理解するとともに、科学的に探究するために必要な観察、実験などに関する基本的な技能を身に付けている。	生物の観察と分類について、いろいろな生物の共通点や相違点に着目しながら、実験などを通して、いろいろな生物の共通点や相違点を見いだすとともに、生物を分類するための観点や基準を見いだして表現しているなど、科学的に探究している。	生物の観察と分類に関する事物・現象に進んで関わり、見通しをもったり振り返ったりするなど、科学的に探究しようとしている。

○本時の評価規準（指導に生かす及び活用の主な視点）

○本時の評価規準（指導に生かす記録し総括に用いる評価）

知識・技能	思考・判断・表現
共通点や相違点を基に観点や基準を設定して分類している。	・生物の特徴を基に観点や基準を設定して分類する姿・分類した結果に見られる結果について、振り返り、振り返りの記述内容

【この授業で見られる活用の主な視点】
検討・改善　系統分類ではない観点（や基準）で生物を分類した結果について、生物の共通点と相違点を基に分類の妥当性を検討・改善する。

図1　単元構想及び授業構想図のひとつ（国立教育政策研究所「平成30年度全国学力・学習状況調査の調査結果を踏まえた理科の学習指導の改善・充実に関する指導事例集～主体的・対話的で深い学びを通して科学的に探究する力を育成する～【中学校】」2020、中理-38）

目標と評価規準の設定に関しては、本書のⅢ章「資質・能力を育成する中学校理科の実際」において、各1ページ目に示している「単元等で育成する資質・能力を踏まえた評価規準」を参照されたい。ただし、目標と「単元等の指導計画」における評価規準は、紙幅の都合で割愛している。

3. 育成する資質・能力から単元等のストーリーや文脈を考え計画を立てる

　単元等において目指す生徒像を踏まえ、目標と評価規準を基に、単元等の計画を立てる。その際、目標と評価規準から学習活動を考え、単元等のストーリーや文脈を考え、次（つぐ）や授業を位置付けて構築していく。初めに学習活動ありきではなく、目標と評価規準を実現するため、理科の見方・考え方を働かせること、科学的に探究する学習活動、主体的・対話的で深い学びが位置付いたストーリーや文脈を考え、単元等を計画することが大切である。本書のⅢ章「資質・能力を育成する中学校理科の実際」において、各1ページ目の「単元等の指導計画」と、各2ページ目の「単元等における学習の過程」を参照されたい。

　学習の主体である生徒が、これから学ぶ単元等について把握していることは、資質・能力を育成する上で大切である。図2は、Ⅲ章⑤「運動の規則性（あなたもきみもガリレオ!?　～自由落下運動の規則性を探究しよう～）」において、生徒に示す資料「学びのプランと学びの記録」である。学習を始める際、このような資料を生徒へ配付することによって、学習に対して生徒が見通しをもてたり振り返ったりできるようにしたい。

4. 単元等における指導と評価の計画を立てる

　単元等の計画をする際、目標と評価規準を実現するための、理科の見方・考え方を働かせること、科学的に探究する学習活動、主体的・対話的で深い学びを、どのように指導し評価していくかを検討する。

　単元等における評価の計画を立てる際、評価する場面や方法を検討するとともに、評価を指導に生かす中で、「指導に生かすとともに記録して総括に用いる評価」をどこに位置付けるかをよく検討したい。評価を指導に生かすことで「指導と評価の一体化」を充実させ、生徒の資質・能力を育成することが大切である。そして、育成された生徒の状況を評価して総括することで評定（ABCや54321などに記号化するという意味）して学習成績に反映させるのである。本書のⅢ章「資質・能力を育成する中学校理科の実際」において「指導と評価のポイント」と「指導と評価の一体化」について、各2ページ目に示しているので参照されたい。単元等において、評価を指導に生かすことで「指導と評価の一体化」を充実させ、生徒の資質・能力を育成するようにしている。

3年理科第1分野　「運動の規則性」　学びのプランと学びの記録

1．　単元　「運動の規則性」

2．　単元で身に付けたい資質・能力

知識及び技能	思考力、判断力、表現力等	主体的に学習に取り組む態度
物体の運動に関する事物・現象についての基本的な概念や原理・法則などを理解する。また、科学的に探究するために必要な観察、実験などに関する基本操作や記録などの基本的な技能を身に付ける。	物体の運動に関する事物・現象から問題を見いだし、見通しをもって観察、実験などを行い、得られた結果を整理して考察し、運動の規則性を見いだして表現するなど、科学的に探究する力を養う。	物体の運動に関する事物・現象に進んで関わり、見通しをもって科学的に探究しようとしたり、探究の過程を振り返って、自らの学習状況を把握しながら、次の探究につなげようとしたりする態度を養う。

3．　単元の学習計画

次	時	○　身に付けたい資質・能力 【評価の観点（評価の方法）】	主な学習内容
第一次	1	○　運動の規則性について問題を見いだす。 【思考・判断・表現（問題を見いだしているようす）】	タブレット端末とモーションショット（連続写真を自動合成するアプリケーション）を用いて、様々な物体の運動を観察する。
	2	○　運動の規則性を調べるための基本的な知識・技能を身に付ける。【知識・技能（基本的な知識・技能を身に付けているようす）】	記録タイマーの使い方、記録したテープの整理の仕方、速さの求め方を学習する。
第二次	3	○　運動の規則性を調べるための基本的な知識・技能を身に付ける。 【知識・技能（ペーパーテスト）】 ○　得られた結果を整理して考察し、運動の規則性を見いだして表現する。 【思考・判断・表現（レポート）】	水平面上で力を加えないときの台車の運動を記録タイマーで調べる。
	4		水平面上で一定の大きさの力を水平に加え続けたときの台車の運動を記録タイマーで調べる。
	5		斜面上を下っているときの台車の運動を記録タイマーで調べる。
第三次	6	○　物体が落下するときの運動について問題を見いだし、見通しをもって観察、実験などを行い、得られた結果を整理して考察し、運動の規則性を見いだして表現する。 【思考・判断・表現（レポート）】	物体が落下するときの運動について課題を設定し、課題を解決するための実験の計画を立案する。
	7		計画に基づいて実験を行い、探究の成果をレポートにまとめる。
	8	○　探究の過程を振り返り、単元を通して学んだことや自らの学習状況を把握する。 【主体的に学習に取り組む態度（学びのプラン）】	実験から導いた結論を、自由落下運動の規則性や検証実験から導かれる理論値と比較し、探究の過程を振り返る。

4．　単元の目標

5．　学習の振り返り

次	学んだこと、気付いたこと、疑問など
第一次	
第二次	
第三次	

6．　単元を通して学んだこと

7．　自分の中で「変わった」「成長した」こと

図2　単元の初めに生徒へ配付する単元についての資料の例

なお、『「指導と評価の一体化」のための学習評価に関する参考資料』（国立教育政策研究所、2020）は、これまで『評価規準の作成、評価方法等の工夫改善のための参考資料』（国立教育政策研究所、2011）として提供されていた。名称を変更したのは、学習評価における「指導と評価の一体化」の重要性の現れと捉えることができる。また、「指導と評価の一体化」の実施と、学習指導と学習評価における生徒の資質・能力の育成に改善の必要があったと捉えることもできる。どちらにしても、「指導と評価の一体化」を充実させ、児童生徒の資質・能力を育成することが望まれる。

5. 「指導に生かす評価」を基に「指導と評価の一体化」を通して授業を実践する

　これまで述べてきたとおり、授業を行う際、「指導に生かす評価」から「指導と評価の一体化」を図り、学習指導と学習活動の改善と充実を行うことは、生徒の資質・能力を育成する上で、大切なことである。

　教科担任制である中学校であれば、担当する学級の数だけ同じ授業を行うので、各学級の生徒に対応しつつ、「指導に生かす評価」で得られた情報を基に授業改善を図っていくことは可能である。また、普段の授業において、生徒の状況に応じて指導の修正を図りながら行っているのではないだろうか。オンラインによる授業において、学習者の顔が見られない状況では、たとえ講義式の授業であってもやりにくい。双方向ならなおさらである。授業において、指導者と学習者、学習者同士における言語活動や対話的な学びは、言語だけでなくノンバーバルな情報も大切である。

　指導要録における「観点別学習状況の評価」と「評定」では、評価規準に即して目標に準拠した評価をより適正に行うことが求められるが、授業においては評価で得られた情報を基に目の前の生徒の指導に生かすことが大切である。「指導に生かす評価」で得られた情報とともに、リアルタイムな生徒の状況（表情やつぶやきなど）を捉え、生徒への即時的な指導を行い、結果としてプラスの変容を促すようにしたい。対面の授業だからこそできる「指導と評価の一体化」である。

　このような「指導と評価の一体化」を通して、生徒が理科の学習に対して粘り強く取り組めるようにするとともに、単元等における次（つぐ）や科学的な探究の節目において、生徒が自らの学習を振り返り調整を図れるように促すことは大切である。図2の「学びのプランと学びの記録」は、生徒の見通しと振り返りを促すことができ、生徒が自らの学習を振り返り調整を図れるようなツールとして機能させることができる。ただし、図2は例であり、学校の実情や生徒の実態に応じて、生徒が見通しをもち振り返ることができるような資料の作成とその開発、またその資料を利活用した学習指導と学習活動が望まれる。

　実際の授業の例としては、本書のⅢ章「資質・能力を育成する中学校理科の実際」における各4ページ目に示している。また、「平成30年度全国学力・学習状況調査の調査結

果を踏まえた理科の学習指導の改善・充実に関する指導事例集〜主体的・対話的で深い学びを通して科学的に探究する力を育成する〜【中学校】」（国立教育政策研究所、2020）の Web サイトでは、中学校理科映像資料（6 事例）が掲載されている（図 3）。また、平成 27 年度全国学力・学習状況調査の「全国学力・学習状況調査の調査結果を踏まえた理科の学習指導の改善・充実に関する指導事例集」（国立教育政策研究所、2017）における映像資料を収めた DVD は、当時、全国の小学校と中学校へ配付されたので、職員室や理科準備室に保管されているはずである。冊子は、文部科学省国立教育政策研究所の Web サイト（https://www.nier.go.jp/sci_lead/rikajirei_all.pdf）で取得することができる。それぞれ参照されたい。

3．中学校理科映像資料（6事例）

● 全体版

各事例15分程度の映像資料です。

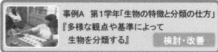

事例A　第1学年「生物の特徴と分類の仕方」『多様な観点や基準によって生物を分類する』　検討・改善

第1学年「生物の特徴と分類の仕方」【全体版】

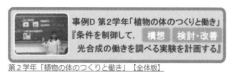

事例D　第2学年「植物の体のつくりと働き」『条件を制御して、光合成の働きを調べる実験を計画する』　構想　検討・改善

第2学年「植物の体のつくりと働き」【全体版】

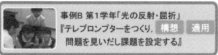

事例B　第1学年「光の反射・屈折」『テレプロンプターをつくり、問題を見いだし課題を設定する』　構想　適用

第1学年「光の反射・屈折」【全体版】

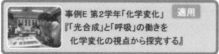

事例E　第2学年「化学変化」『「光合成」と「呼吸」の働きを化学変化の視点から探究する』　適用

第2学年「化学変化」【全体版】

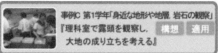

事例C　第1学年「身近な地形や地層、岩石の観察」『理科室で露頭を観察し、大地の成り立ちを考える』　構想　適用

第1学年「身近な地形や地層、岩石の観察」【全体版】

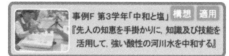

事例F　第3学年「中和と塩」『先人の知恵を手掛かりに、知識及び技能を活用して、強い酸性の河川水を中和する』　構想　適用

第3学年「中和と塩」【全体版】

図3　中学校理科映像資料（6 事例）（国立教育政策研究所「平成 30 年度全国学力・学習状況調査の調査結果を踏まえた理科の学習指導の改善・充実に関する指導事例集〜主体的・対話的で深い学びを通して科学的に探究する力を育成する〜【中学校】」2020）（2021 年 7 月取得）
https://www.nier.go.jp/kaihatsu/shidousiryou/rika/r01.html

6. 「指導に生かすとともに記録して総括に用いる評価」を行う

「観点別学習状況の評価」において、「知識・技能」では、単位時間で習得を図れるものもあれば、理解を深めたり科学的な概念を形成したりするためには、単元等や次（つぐ）などある程度のまとまりを通して学ぶ必要がある場合もある。また、単元等や次（つぐ）などに関する「思考・判断・表現」と「主体的に学習に取り組む態度」は、そのまとまりにおいて育成して評価する。ただ、そのまとまりの大きさにもよるが、そこで得られた評価の情報を必ず記録して総括して評定（ABC や 54321 などに記号化するという意味）する必要はない。理科の目標に位置付けられているような、より汎用的な資質・能力は、そ

れぞれの単元等を踏まえて学期や年間など長い期間を通して育成して評価することが大切である。

指導要録の「観点別学習状況の評価」における総括は、「知識・技能」と、「思考・判断・表現」及び「主体的に学習に取り組む態度」では違う。「知識・技能」は単元等や学期ごとの習得の状況に関する評価の資料を基に総括するのに対して、「思考・判断・表現」は単元等や学期ごとの評価の資料を基に年間を通した育成の状況を評価して総括することが考えられる。また、「主体的に学習に取り組む態度」は単元等や内容のまとまりごとの評価の資料を基に年間を通した涵養の状況を評価して総括することが考えられる。より汎用的な資質・能力は、年度の最後における生徒の成長した姿や状況が反映するような総括が望まれる。

記録して総括に用いる評価とは、図4の「理科における学習と評価の例」（田中保樹、2021）のように、観察、実験レポートなどのパフォーマンス評価やペーパーテストを通して評価することで、理科の指導や学習の改善と充実を図ることができる。それには、「指導のための評価」が大切であり「指導と評価の一体化」を充実させることである。そして、育成された生徒の実現状況を評価して記録して総括に生かす。

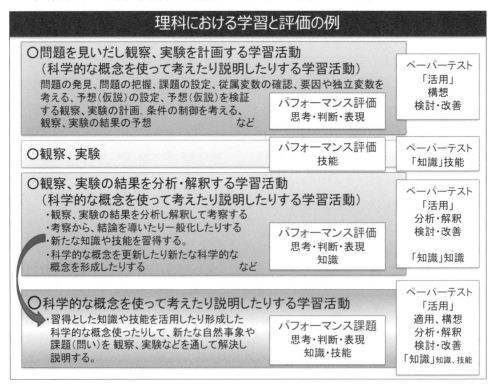

図4　理科における学習と評価の例
（田中保樹・三藤敏樹・髙木展郎『資質・能力を育成する授業づくり─指導と評価の一体化を通して─』東洋館出版社、2021、p.61）

観察、実験を要とした科学的な探究を重視する理科においては、パフォーマンス評価を

適切かつ効果的に行うようにすることで、ペーパーテストでは評価することができない資質・能力を評価して、指導に生かすとともに記録して総括に用いるようにしたい。

　観察、実験レポートの作成は、科学的な探究において大切な学習活動のひとつである。そして、そのパフォーマンス評価を通して、理科における資質・能力の育成を図ることができる。図5は、理科における観察、実験レポートの評価と評定（ABCや54321などに記号化するという意味）の方策を表したものである（田中保樹、2020）。

　「ある単元に観察、実験レポートが5つあったならば、その評価と評定はどうしますか」と問われたら、どのように考えるだろうか。「評価は成績」と捉えるならば、「一つ一つのレポートを点数化し合計して学習成績の資料とする」と答えるのではないだろうか。観察、実験レポートの作成を導入するねらいはいくつかあるが、大切なことは生徒の資質・能力を育成することである。そのためのひとつの方策として、図5のような観察、実験レポートの評価と評定が考えられる。参考となるレポートの共有や付箋紙の色を使った生徒へのフィードバックなどは、「指導と評価の一体化」を持続可能にするための工夫である。

　このようにして結果（プロダクト）だけでなく過程（プロセス）を大切にするような指導と評価を計画し実行して、評価の結果を指導と学習の改善と充実に生かしたい。そして、生徒の状況を記録して総括に用いる評価を行い、評定して学習成績に反映させたい。

理科における観察、実験のレポートの評価と評定の例
ある単元に観察、実験のレポートが5つあったならば，その評価と評定はどうするか？

ブラッシュアップ

単元の観察、実験レポート集

指導と評価の一体化を図る
次のように、その都度、一つ一つの観察・実験レポートの評価を行う。よい点は褒め、改善すべき点は修正を促すなどし、生徒へフィードバックする。評定 はしない（行ったとしても仮である）。
○参考になるレポートのコピー（無記名）を掲示し共有する。
○付箋紙を利用する。色で指導・助言を表す（青〔大変よい〕、緑〔よい〕、黄〔再考、注意など〕、赤〔必ず修正〕など）。必要に応じてコメントを記入する。

単元の終わり

評価して評定し学習成績に反映する
個々の観察、実験レポートをブラッシュアップして、単元の観察、実験レポート集として提出させる。それを評価して評定することで学習成績に反映させる。
提出する際、観察、実験レポートの観点別の評価規準に即してベストな箇所に付箋紙を付けアピールさせる。また、付箋紙にその根拠を記入させる。

図5　理科における観察、実験のレポートの評価と評定の例
　　（田中保樹、2020「田中保樹・三藤敏樹・髙木展郎『資質・能力を育成する学習評価　―カリキュラム・マネジメントを通して―』」p.109、東洋館出版社）

ペーパーテストにおいては、全国学力・学習状況調査（中学校理科）の枠組みを参考に、問題を作成することで、活用できる状況にある知識や、生徒にとって未知なる自然の事物・現象を解き明かすことができるような「思考・判断・表現」を評価することができる。本書のⅠ章3節・4節は、全国学力・学習状況調査（中学校理科）の枠組みや込められた授業改善へのメッセージと、その結果から見られる全国の中学生の資質・能力の状況を解説している。また、Ⅱ章5節では、全国学力・学習状況調査（中学校理科）を生かした単元等の構想と授業づくりについて解説されているので参照されたい。ペーパーテストに全国学力・学習状況調査の知見を生かすことは、生徒の資質・能力の育成を図る上で有効と考える。

また、Ⅲ章「資質・能力を育成する中学校理科の実際」における各5・6ページ目には、単元等で育成する「資質・能力を評価するペーパーテストの例」を示している。理科における資質・能力を育成するためには、日々の授業における科学的な探究だけでなく、ペーパーテストにおいても身に付けた知識を活用したり育成された〔思考力、判断力、表現力等〕を生かしたりすることを促したい。それらの資質・能力を適切に評価できる問題の作成が望まれる。学校における定期テストや定期考査において、学習成績のためだけで終わらせることなく、指導や学習の改善と充実に生かしたい。ペーパーテストにおいて、生徒が誤ったりできなかったりしたことは、そのままにせず、正しい知識を身に付けさせたり理解を促したりし、知識を活用して考え表現できるようにすることが大切である。

1人1台によるPC等のデバイスの使用が、トラブルなく日常化するならば、テストにPC等のデバイスを利用することが考えられる。PC等のデバイスでは、ペーパーでは表現できない音、映像などを基にしたテストを行えるため、自然の事物・現象を対象とする理科に適しており、これまでのペーパーテストの枠を越えた多様なテストが考えられる。また、記述式の解答への対応は変わらないかもしれないが、解答の集計は即時的に行えるため、生徒の学習の状況の分析や把握がより効率的、効果的に行うことができる。理科の資質・能力を評価し、指導に生かす上で有効と考えられる。2021年度は、まだPC等のデバイスの導入が始まったばかりである。また、解決しなければならない課題も多いであろう。今後の学校における整備と運用が進むことに期待したい。

7. 単元等を振り返りブラッシュアップを図って次年度に備える

「指導に生かす評価」から「指導と評価の一体化」を図る場合だけでなく、総括して評定（ABCや54321などに記号化するという意味）し学習成績に反映させた評価における情報からも、学習指導と学習活動の改善と充実を図ることが大切である。本書のⅢ章「資質・能力を育成する中学校理科の実際」において、各1ページ目に示している「単元等の指導計画」の評価規準では、「指導に生かす評価」と「指導に生かすとともに記録して総

括に用いる評価」として示し、必ず指導に生かすようにしている。

　次年度のために、評価で得られた情報を基に単元等のブラッシュアップを図っておくことは大切なことである。本書のⅢ章における各1ページ目に示している「単元等で育成する資質・能力を踏まえた評価規準」と「単元等の指導計画」に、授業が終えたところで朱書きを入れることで、次年度以降に生かせるようにしておくことができる。教科担任の中で終始するのではなく、学校における理科の教科会として情報を共有し、個人ではなく組織としての理科のカリキュラム・マネジメントを推進していくことで、生徒の資質・能力を育成することが大切である。

第4節 理科の見方・考え方を働かせることと「主体的・対話的で深い学び」

1.「資質・能力の3つの柱」と「主体的・対話的で深い学び」

　資質・能力は、平成29年度版において次の3つの柱として整理されており、学校教育法が定める学力の三要素である「知識及び技能」「思考力、判断力、表現力その他の能力」「主体的に学習に取り組む態度」と対応している。

「資質・能力の3つの柱」

●何を理解しているか、何ができるか（生きて働く「知識・技能」の習得）

●理解していること、できることをどう使うか（未知の状況にも対応できる「思考力・判断力・表現力等」の育成）

●どのように社会・世界と関わり、よりよい人生を送るか（学びを人生や社会に生かそうとする「学びに向かう力・人間性等」の涵養）

　また、授業や学びの在り方としての「主体的・対話的で深い学び」については、特定の型を普及させるものではなく、授業改善の視点として次の3つが示されている。

授業改善の視点としての「主体的・対話的で深い学び」

①学ぶことに興味や関心をもち、自己のキャリア形成の方向性と関連付けながら、見通しをもって粘り強く取り組み、自己の学習活動を振り返って次につなげる「主体的な学び」が実現できているか。

②子供同士の協働、教職員や地域の人との対話、先哲の考え方を手掛かりに考えること等を通じ、自己の考えを広げ深める「対話的な学び」が実現できているか。

③各教科等で習得した概念や考え方を活用した「見方・考え方」を働かせ、問いを見いだして解決したり、自己の考えを形成して表したり、思いを基に構想、創造したりすることに向かう「深い学び」が実現できているか。

　「主体的・対話的で深い学び」とは学びの態様である。授業改善によって、小集団で活動的に学習を行う姿が生徒に見られたとしても、資質・能力が育成されていなければ、その授業改善の取組は手段が目的化した、生徒が這い回るだけの空虚なものと言えよう。授業改善の視点として示された上記の「主体的・対話的で深い学び」に関する記述を精読して、形骸化した授業にならないように注意が必要である。

　また、理科の学習の本質は、自然の事物・現象を科学的に探究することを通して〔知識及び技能〕を身に付けるとともに、理科の見方・考え方を豊かで確かなものにし、科学的な探究の過程を主体的に遂行できるようにすることにある。協力することやコミュニケーション能力等の汎用的な能力に重点を置いた学習指導であってはならない。

2.　理科における「主体的な学び」と「対話」

（1）理科における「主体的な学び」

　理科において「主体的な学び」とは、自然の事物・現象の中に疑問をもち、問題を見いだして課題を設定することによって、課題を自分のこととして捉え、解決への意欲や必要感をもって探究的な学習活動に取り組むことであり、「深い学び」を実現する上で最も重要な条件である。授業の導入において、めあてを示して授業を展開することがある。その場合でも、生徒がめあてを課題として捉え、解決への意欲や必要感をもち、主体的に探究に取り組めるよう、動機付けを工夫する必要がある。

（2）理科における「対話的な学び」

　協同的な学びにおける対話の意味について、佐藤は「既知の世界から未知の世界へ到達する学びは、対象世界、他者、自己との出会いと対話という3つの対話的実践の総合であり、それ自体に協同のプロセスが内在している」と述べている。[1]

　理科の授業において、「深い学び」が実現しているとき（身に付けた〔知識及び技能〕や経験を総動員して自然の事物・現象と向き合い、小集団で協働しながら課題解決に没入しているとき）、生徒は次の3つの「対話」を行っていると考えられる。

「対話の分類」

対象との対話：自然の事物・現象を分析して要因を抽出したり、その仕組みを考えたり、詳細な観察で特徴を捉えたりして、自分なりに解釈しようとする。

他者との対話：自分の考えを他者に伝えて評価したり、自分の考えの限界を知り、他者の考えによってよりよくしたりする。

自己との対話：対象の解釈や課題解決がうまくいっているか考えたり、課題解決の方略を調整したり、粘り強く取り組むための方略を考えたりする。

　このような「対話」を繰り返して、〔知識及び技能〕の概念的な理解が促されるとともに活用されることで課題解決が行われ、科学的な探究に必要な力が身に付いていくと考えられる。また、「対話的な学び」は情意面にも影響を与え、〔学びに向かう力、人間性等〕も育成されると考えられる。

　「対話的な学び」についても様々な工夫や取組が行われているが、「対話的な学び」は手段であり、目的ではない。協力して学ぶことやコミュニケーション、他社との協働に重点

を置きすぎた学習指導は、理科が目指す資質・能力の育成に重点を置いた指導とは異なることを、明確に意識して授業改善に当たる必要がある。

　このように、「深い学び」「主体的な学び」「対話的な学び」は、探究的な学習活動として一体的であり、この学びを通して、個別の〔知識及び技能〕が体系化され、〔思考力、表現力、判断力等〕が高まると同時に、科学的に探究する能力の基礎や態度が育成される。

3. 「理科の見方・考え方」と「深い学び」

(1) 教科に固有の「見方・考え方」

　「見方・考え方」は、28答申で次のように示された。

> （見方・考え方は）各教科等の学習の中で働くだけでなく、大人になって生活していくに当たっても重要な働きをするものとなる。私たちが社会生活の中で、（中略）学校教育を通じて身に付けた「数学的な見方・考え方」や、「言葉による見方・考え方」が働いている。各教科の学びの中で鍛えられた「見方・考え方」を働かせながら、世の中の様々な物事を理解し思考し、よりよい社会や自らの人生を創り出していると考えられる。

　「見方」は教科に固有の事象を捉えたり把握したりする枠組であり、「考え方」は教科に固有の学び方や課題解決の方法と捉えることができる。
　図1は、ガラスコップに入ったお茶を、教科に固有の「見方」で捉えた例である。数学の見方では、数量的に捉えて「200mLのコップに半分入っているお茶」と捉えることができ、理科の見方では、質的・実体的に捉えて「ソーダガラスでできた透明な容器に入った、カテキン、テアニンを含む水溶液」と捉えることができる。このように一つの事象を多面的に捉えることが、各教科に固有の「見方」を働かせることである。

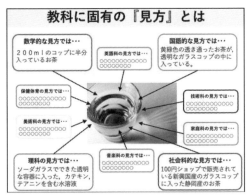

図1　教科に固有の「見方」

(2) 理科における「見方」と「考え方」

　「理科の見方」の例が、平成29年版解説理科編に次のように示されている。

「理科の見方」

「エネルギー」を柱とする領域……主として量的・関係的な視点で捉えること

「粒子」を柱とする領域…………主として質的・実体的な視点で捉えること

「生命」を柱とする領域…………主として多様性と共通性の視点で捉えること

「地球」を柱とする領域…………主として時間的・空間的な視点で捉えること

　これらの特徴的な視点は、それぞれの領域に固有のものではなく、その強弱はあるものの他の領域においても用いられることや、これら以外の視点もあることについて留意することが必要であることが示されている。さらに、探究の過程において、これらの視点を必要に応じて組み合わせて働かせることが大切であることも示されている。「主として」という表現から、柔軟に組み合わせて探究的な授業を構成することが大切である。

　「理科の考え方」は、平成29年版解説理科編において、以下のように示されている。

> 　探究の過程を通した学習活動の中で、例えば、比較したり、関係付けたりするなどの科学的に探究する方法を用いて考えることとして整理することができる。なお、この『考え方』は、物事をどのように考えていくのかということであり、資質・能力としての思考力や態度とは異なることに留意が必要である。

(3)「理科の見方・考え方」を働かせる授業と「深い学び」

①「深い学び」の視点や手段、その結果でもある「理科の見方・考え方」

　理科の「深い学び」を実現するとは、「理科の見方・考え方」を働かせ、探究の過程を通して課題解決を行う授業を展開することであり、その学習活動によって「理科の見方・考え方」そのものも豊かで確かなものとなる。つまり、「理科の見方・考え方」は、「深い学び」をつくり出すための視点や手段であり、その結果でもあると言える。このように「理科の見方・考え方」を働かせながら「深い学び」を繰り返すことによって、知識や概念は「見方」となり、身に付けた課題を解決するための手続きや方略は「考え方」として思考の習慣となって、科学的に探究する能力を高めることができる。

②「理科の見方・考え方」を働かせる学習指導のポイント

　探究的な学習活動における課題は、一人だけでは解決できないが、「理科の見方・考え方」を働かせることを足場掛けとして、他者との対話を通して協働すれば解決できる程度の、生徒の実態に応じた課題を設定することが重要である。このような課題は、解決に必要な〔知識及び技能〕、解決の方略を生徒に想起させ、他者と対話しながら協力すれば解決できそうだという見通しと意欲をもたせる。指導においては、導入で課題を解決するために働かせる「理科の見方・考え方」を明示的に押さえ、必要な支援を行った後は、生徒の主体的な探究に任せ、展開をスモールステップにしないことが重要である。

　例えば、「深成岩と火山岩のつくり」の学習指導において、「理科の見方・考え方」を働

かせる授業構成について考えてみる。はじめに、マグマが固まると結晶ができることから、再結晶や結晶における温度変化と結晶の成長に関する見方・考え方を明示的に想起させて足場掛けを行うとともに課題を設定する。この足場掛けと課題の設定によって、観察や考察の視点をもたせるとともに、見方・考え方を働かせて他者との対話を行えば解決できそうだという見通しをもたせる。次に、生徒は、時間的・空間的な見方と質的・実体的な見方とを働かせ、結晶に関する知識と観察結果とを関連付けながら、仮説的推論（うまく説明できるから正しいのではないかという考え方）を行い、考えの妥当性を高める考察を行う。終末に考察と科学的な用語とを関連付けて概念の形成を図る。

　この展開によって、生徒は、火成岩に関する知識や観察の技能を獲得するだけでなく、火成岩の学習の本質であるマグマの冷え方に関する「理科の見方・考え方」も豊かで確かなものになると考えられる。

③知識の効率的な習得に重点を置いた、確認のための観察・実験を行うことの負の側面

　効率的な知識の習得を目的に、上記の「深成岩と火山岩のつくり」の探究的な学習活動を逆に展開して、知識を与えた後、確認のための観察を行った場合、生徒は「理科の見方・考え方」を働かせることはできるだろうか。答えは否である。予想される生徒の学びは、与えられた知識を当てはめるだけの観察を行って正誤を確認するだけであり、断片的な知識の習得で学習を終えてしまい、浅い学びに終わってしまう可能性が高い。

　火成岩は、つくりや特徴に応じて石材として生活の中で広く使われている。しかし、マグマの冷え方と関連付けて火成岩を見たり考えたりする「理科の見方・考え方」が豊かで確かなものになっていなければ、存在やその意味、設計者の意図に気付きもしないであろう。このように人生の長きにわたって有効に働くであろう「理科の見方・考え方」を豊かで確かなものにすることは、資質・能力の育成にとって大変重要である。

④「理科の見方・考え方」から「深い学び」を構想すること

　「深い学び」が実現できているかは、「理科の見方・考え方」を働かせて課題解決や探究を行って〔知識及び技能〕を獲得するとともに、学習後に「理科の見方・考え方」そのものも豊かで確かなものになっているかで判断ができる。生徒が対話をしているか、探究の過程を意識した授業構成であるかなどの手段や、生徒の表面的な態度、行動だけに着目した授業改善は行うべきではない。

　また、「理科の見方・考え方」は、平成29年版には「主として…」や「例えば、比較したり、関係付けたりするなどの科学的に探究する方法を用いて考えること…」のように、一つの例や代表的なものとして示されていることに注意が必要である。示されている「理科の見方・考え方」は、型でもなく、唯一のものでもない。「理科の見方・考え方」を示された視点だけに限定したり、比較・関連付け・推論などの一般的な思考方法とだけ捉えたりして、繰り返し訓練するような授業構成は避けるべきである。我々教師が、柱とする領域や内容において、理科を学ぶ本質である「理科の見方・考え方」を見極め、資質・能力を育成する探究的な学習活動を構成して展開することが重要である。

　「理科の見方・考え方」を働かせながら科学的に探究することによって、資質・能力が育成されるとともに、「理科の見方・考え方」も豊かで確かなものになる。この学習活動において生徒が見せる態様が「深い学び」であり、生徒が課題を自分のこととして受け止めていれば、必然的に「主体的・対話的」な姿が見られるようになる。この姿が見られるように授業を構想した上で、具体的な対話や協働の方法を授業に導入することが大切である。

4.「理科の見方・考え方」を働かせる「深い学び」の実践例

　理科を学ぶことの本質は、「深い学び」を通して自然の事物・現象を探究し、身に付けた資質・能力を日常生活や社会との関わりの中で発揮したり、主体的に探究を遂行したりすることである。この本質にたどり着いた生徒は、理科を学ぶことの意義や有用性を実感しているものと考える。このような「深い学び」を実現する授業をつくり出すためには、次の4つのプロセスが考えられる。

---

① 単元の学習の本質を見極め、単元で働かせる「理科の見方・考え方」を設定する。
② 設定した「理科の見方・考え方」を働かせる授業の単元上の位置付けを検討する。
③ 「理科の見方・考え方」を働かせながら探究する授業構成（過程）を設計する。
④ 生徒が「理科の見方・考え方」を働かせて試行錯誤できる教材か吟味し、提示や取り上げ方を工夫したり、開発したりする。

　次の（1）～（4）は、上記の4つのプロセスによって、1年生の「植物の体のつくりと働き」（旧指導要領）の単元末に1単位時間として位置付けた、探究的な学習活動の設計及び実践の概要である。

（1）中学校修了時に働かせることができる、植物に関する「理科の見方・考え方」を設定

　植物に関する学習は、発達段階に応じて中学校3年間を通して行われ、「理科の見方・考え方」も次第に豊かで確かなものになっていく。中学校修了時に働かせるようになっている植物に関する「理科の見方・考え方」について学習指導要領を基に検討し、そこから逆向きに2年生、1年生で働かせる「理科の見方・考え方」を設定した（図2）。

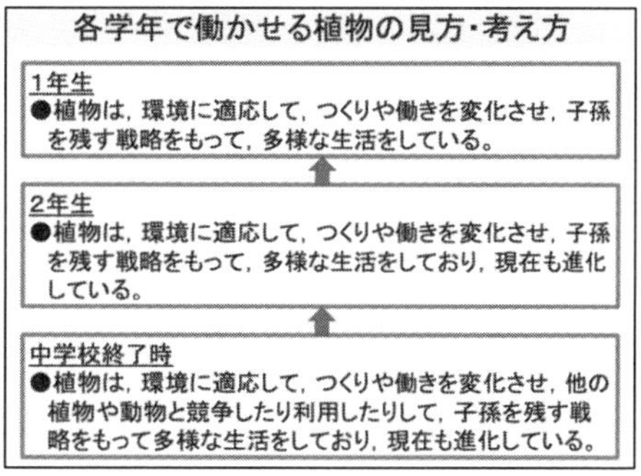

各学年で働かせる植物の見方・考え方

1年生
●植物は、環境に適応して、つくりや働きを変化させ、子孫を残す戦略をもって、多様な生活をしている。

↑

2年生
●植物は、環境に適応して、つくりや働きを変化させ、子孫を残す戦略をもって、多様な生活をしており、現在も進化している。

↑

中学校終了時
●植物は、環境に適応して、つくりや働きを変化させ、他の植物や動物と競争したり利用したりして、子孫を残す戦略をもって多様な生活をしており、現在も進化している。

図2　逆向きに「理科の見方・考え方」を設定

（2）設定した１年生の「理科の見方・考え方」を働かせる授業の単元上の位置付けを検討

　植物の葉の小単元における学習の本質を整理したものが図３である。植物が多様な環境に適応するために、葉の付き方を工夫しているという見方や考え方に気付かせるために、単元の学習を通して身に付けた知識及び技能を活用し、「理科の見方・考え方」を働かせて探究する授業を単元末に位置付けた。

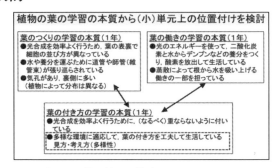

図３　単元上の位置付けの検討

（3）「理科の見方・考え方」を働かせながら探究する授業構成（過程）を設計

　生徒が必要感をもって探究できるように、火星に移住して宇宙農業を行うという文脈を設定し、実験班を一つのコロニーとした。コロニーの位置を赤道上と中緯度に設定し、南中高度の違いから太陽の光を効率的に受け取れる植物の葉の付き方を植物のモデルを使って探究し、地球から効率的に光合成を行える葉の付き方をした植物を持っていくことを課題として設定した。その際、活用する知識及び技能や働かせる「理科の見方・考え方」を想起させ、足場掛けを行った。さらに、効率的に葉が付いていれば、太陽の光を遮る面積が大きくなることから、植物のモデルより大きな太陽電池の上にモデルを置いて、電流の大きさが最も小さくなるように葉の付き方を工夫すれば解決できる見通しをもたせた。終末に、作成した植物のモデルに当てはまる植物が、地球上の赤道地域と中緯度地域に生活していることを知ることで、植物は多様な環境に適応し、葉の付き方を工夫していることに気付き、「理科の見方・考え方」が豊かで確かなものになるように授業を構成した。

（4）「理科の見方・考え方」を働かせて試行錯誤できる教材の開発

　設定した「理科の見方・考え方」を働かせて探究できる教材は、どこでも入手可能で安価な素材で簡単に作成できることをコンセプトに開発した（図４）。ホームセンターで手に入る梱包用の緩衝材を丸めたものを茎のモデルとし、緑色に塗った工作紙に針金を付けたものを葉のモデルとした。このモデルは、緩衝材に針金を繰り返し刺して位置を変えることができる。また、針金は簡単に曲げることができるため、葉柄と葉の角度を自由に調節できる。葉の大きさは３種類用意し、観察を通して身に付けた葉の付き方の見方・考え方を活用できるようにした。

図４　開発した葉のモデル

　作成したモデルが効率よく太陽の光を受け取っているかを電流の大きさで判断する、太陽電池を使った測定装置を開発した（図5）。これは、2枚の太陽電池パネルをL字型に設置し、電流計（電流の単位や読み取りは未履修のため、電流値をデジタル表示するマルチメーターを用いた）につないだ。また、太陽のモデルとして、角度が変えられる照明と組み合わせた。この測定装置の太陽電池の上に作成した植物のモデルを置くと、光が遮られた分だけ電流値は減少する。電流値のデジタル表示をモニタに映すことで、他の実験班の結果が分かり、生徒がさらに効率を高めようと没頭する様子が見られた。

　生徒の探究の結果、作成した植物のモデルは、中緯度のモデルは茎の上部から下部まで満遍なく付いているパターンに収斂され、赤道上のモデルは葉が茎の上部に密集するパターンに収斂された（図6）。

　赤道上のモデルは極端な形になったため、地球上に実在しないと生徒は考えていた。そこで、茎の上部に葉を集中させた、亜熱帯から熱帯に生息するヘゴを紹介すると、追究したモデルと実際の植物が一致したことに生徒は驚くとともに、植物は南中高度（緯度）によって葉の付き方や樹形までも変えていることに感心し、植物が環境に適応して生活していることに気付くことができた。

　この実践例は、植物の葉に関する

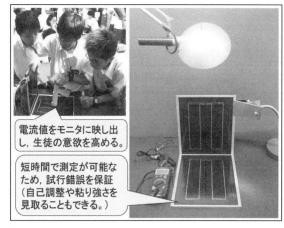

電流値をモニタに映し出し，生徒の意欲を高める。

短時間で測定が可能なため，試行錯誤を保証（自己調整や粘り強さを見取ることもできる。）

図5　測定装置と測定している様子

図6　作成したモデルが収斂した様子

知識や概念が「見方」と結び付き、仮説的推論（うまく説明できるから正しいのではないかという考え方）を行う手続きや方略が課題解決に有用な「考え方」であると実感していることから「深い学び」を起こせたと考える。

引用・参考文献
（1）　佐藤学「学びの対話的実践へ」佐伯胖・藤田英典・佐藤学『学びへの誘い』東京大学出版会、2003 年

第5節 学習指導要領と全国学力・学習状況調査を生かした単元の構想と授業づくり

（左上に）第 **5** 節

1.「指導と評価の一体化」を意識した単元の構想

（1）「指導と評価の一体化」を意識した単元の構想

　平成 29 年版にも反映されている改訂版タキソノミーの考え方から、知識は、「事実的知識」「概念的知識」「手続的知識」に分けられる。「事実的知識」は「個別の知識」とも表現され、例えば花のつくりの各部分の名称のような、教科等に固有の知識である。その「事実的知識」どうしが関連付けられて「概念的知識」が形成され、「概念的知識」どうしが関連付けられてより大きな「概念的知識」が形成されることによって、〔知識及び技能〕の知識が習得されていくものと考えられる（図7）。

　「手続的知識」は、行為に関する知識で、意識せずに秩序だった行動ができる知識のことである。「手続的知識」には、一般的な思考の方法や思考ツールに関する知識が含まれると考える。「手続的知識」どうしが関連付けられ、パターン化して一連の動作等を行う「技能」が習得されるものと考えられる。この「技能」は、「事実的知識」や「概念的知識」を活用しながら反復することで洗練されることから、その過程で「知識」と「技能」は関連付けられていると考える（図8）。このことから〔知識及び技能〕は、学習評価において一体的に捉えられるべきものであると考える。

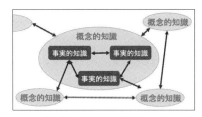

図7　事実的知識と概念的知識のイメージ　　図8　「知識」と「技能」が一体的なイメージ

　〔知識及び技能〕は課題解決や探究的な学習活動を通して活用されるとともに習得される。その学習過程では〔知識及び技能〕が活用され〔思考力、判断力、表現力等〕が発揮されるとともに育成される（図9）。

　この学習活動における課題は、生徒一人では解決が困難であるが、他者との対話や教師の適切な足場掛けによって解決できる、ヴィゴツキー（Vygotsky, L. S.）

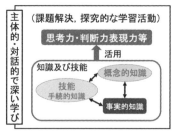

図9〔知識及び技能〕〔思考力、判断力、表現力等〕の重層構造

が提唱した発達の最近接領域（ZPD）を意識したものとすることが重要である。この課題を生徒が対話を行い、相互作用しながら解決する、探究の過程によって資質・能力が高まることが指摘されている。また、生徒が課題を真に解決したいと思えたり、解決することに意味があると実感できたりする導入を工夫し、十分に動機付けを行うことも重要である。

このような発達の最近接領域（ZPD）を意識した課題による探究的な学習活動が展開された場合、生徒にとって「主体的・対話的で深い学び」が必然的に起こっている。教師主導型で、生徒の実態に即していない授業展開や、対話的な学習活動の形式だけをまねて、授業の流れが全て白抜きで書いてあるワークシートを用いた展開など、アクティブ・ラーニング風の授業では、深い学びが成り立っていないことは明らかである。

生徒の実態を基に、生徒一人では解決が困難であるが、他者との対話や教師の適切な足場掛けによって解決できそうだと思える課題を設定し、課題の解決に向けて試行錯誤しながら粘り強く取り組む基盤は非認知能力であり、認知的な側面である〔知識及び技能〕や〔思考力、判断力、表現力〕と不可分な関係である

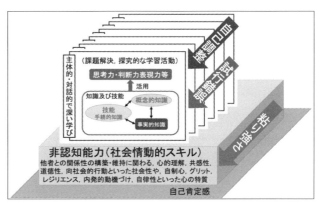

図10 「主体的・対話的で深い学び」に自己調整して粘り強く取り組むことと非認知能力の関係のイメージ

（図10）。この非認知能力を基盤として課題の解決に向けて試行錯誤が展開され、解決方法や学びに向かう自らのモチベーションを自己調整したり、粘り強く取り組んだりする態度が培われる。つまり、課題解決や探究的な学習活動に主体的・対話的に取り組むことを通して、身に付いている〔知識及び技能〕を活用するとともに新たな〔知識及び技能〕が習得され、〔思考力、判断力、表現力等〕を発揮し洗練するとともに〔学びに向かう力、人間性等〕が一体的に育成されるのである。

課題解決や探究的な学習活動に主体的・対話的に取り組む基盤となる非認知能力は、人格や人間性等に関わる部分であり、観点別学習状況の評価になじまないことから、記録したり総括して評定に加えたりしないことに注意が必要である。しかし、評価とは、本来、生徒のもつ能力を最大限に引き出し、向上させていくための営みである。非認知能力を含

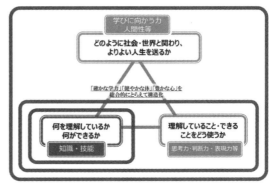

図11 〔知識及び技能〕〔思考力、判断力、表現力等〕〔学びに向かう力、人間性等〕の重層構造

む人格や人間性に関わる部分は、個別に賞揚したり励ましたりして積極的にフィードバックを行うなど、いわゆる個人内評価を意識して取り組むことが大切である。

　以上のように、資質・能力の三つの柱〔知識及び技能〕〔思考力、判断力、表現力等〕〔学びに向かう力、人間性等〕は、「主体的・対話的で深い学び」を通して互いに密接に関連しており重層的である（図11）。すべての授業で課題解決や探究的な授業の展開はできない状況があると考えられる。生徒が身に付けている〔知識及び技能〕を活用して課題解決や探究的な学習活動を展開する中で、〔思考力、判断力、表現力等〕が発揮されるとともに洗練され、新たな〔知識及び技能〕を習得するとともに〔学びに向かう力、人間性等〕が育成されるという資質・能力を、単元を通して一体的に育成するイメージをもって構想に当たることが重要である。

(2) 育成する資質・能力を踏まえた指導目標の明確化と生徒が設定する課題との連動

　育成を目指す資質・能力の3つの柱は互いに関連しており重層的であることから、1つの柱だけを取りだして指導目標を設定することは適切ではないと考える。また、資質・能力を身に付けさせようとする意識が強いと、短期的な視点、いわゆるペーパーテストをクリアするための目標を立ててしまいがちである。重要なことは、生徒の学習が単元の学習後も続くことやこれから出会う未知の課題を解決するときに生かすことができる資質・能力を育成するという視点をもって目標を設定することである（図12）。生徒は、一人として同じではなく、地域や家庭環境によって多様な存在であり、一人一人がかけがえのない存在である。生徒の資質・能力の多様な状況を把握し、それに応じて授業構成を工夫して手立てを講じ、資質・能力を最大限に伸ばすことが我々教師の存在意義である。この意味において、同じ内容の指導でも生徒の実態に応じて目標は異なってくると考えられる。しかし、生徒の実態に応じて多様な目標が設定されても「指導と評価の一体化」の視点及び、生徒自身や教師が評価可能なものでなければならない。このことから、活用する〔知識及び技能〕、働かせる「理科の見方・考え方」、解決のための「方略」、育成する「資質・能力」の4つの要素が目標に含まれる必要があると考える。図13は、光の反射・屈折の単元末に身に付けた「知識及び技能」を活用してパフォーマンス課題を解決する学習活動の目標について、4つの要素の視点から明確化する前後の具体例である。

　最初の目標では、「理科の見方・考え方」を働かせる記述はあるものの、活用する〔知識及び技能〕と解決のための「方略」の設定はなく、

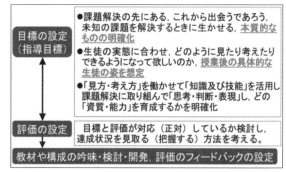

図12　目標の明確化、評価規準の設定、授業構成の順序

育成する「資質・能力」は〔思考力、判断力、表現力等〕の育成をねらいとしたものである。明確化した目標では、「光の屈折に関する知識及び技能」を活用すること、解決のための「方略」として老眼鏡と目のつくりの関係を2枚の凸レンズでモデルとして見立てた実験の結果を関係的な「理科の見方・考え方」を働

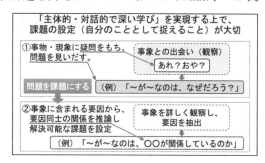

【最初の目標】
　老眼鏡を使うことで，近くの物にピントが合う仕組みについて，レンズを通る光の進み方と像のできる位置を関係付けながら説明することができる。

活用する 「知識及び技能」	見方・考え方 （本質的なもの）	解決のための 方略	育成する 資質・能力

【明確化した目標】
　光の屈折に関する知識及び技能を活用して，老眼鏡を使うと近くの物にピントが合う仕組みについて，2つの凸レンズを使ったモデル実験を行い，レンズを通る光の進み方と像のできる位置を関係付けながら考察して，科学的に探究しようとしている。

図13　4つの視点から目標を明確化

かせて考察すること、単元末のパフォーマンス課題であるため、科学的に探究しようとする〔学びに向かう力、人間性等〕の育成をねらいとすることが明確化されている。

　このように目標を明確化することによって、重点を置く探究の過程が浮かび上がるとともに、生徒が設定すべき課題も明らかとなる。生徒が事象の中に疑問をもち、問題を見いだした際、「なぜ〜は、〜なのだろう」と表現しがちである。しかし、「Why」で記述されたものは課題ではなく、問題を見いだしただけの状態であり、見いだした問題を解決可能な課題にする必要がある。事象に含まれる要因に目を向けさせ、変化する要因を（What）、原因と考えられる要因を（How）として、課題を例えば「〜が〜なのは（What）、〜が関

係しているからか（How）」のように記述するよう繰り返し指導することが重要である。例えば、図13の授業で扱う光の屈折のように因果が明確な事象では、課題から（What）を従属変数、（How）の部分を独立変数として、条件を制御した観察、実験を計画すればよいことに生徒が気付くことができる（図14）。

「主体的・対話的で深い学び」を実現する上で、課題の設定（自分のこととして捉えること）が大切

①事物・現象に疑問をもち、問題を見いだす。　　事象との出会い（観察）　あれ？おや？
問題を課題にする　　（例）「〜が〜なのは、なぜだろう？」
②事象に含まれる要因から、要因同士の関係を推論し解決可能な課題を設定　　事象を詳しく観察し、要因を抽出
（例）「〜が〜なのは、〇〇が関係しているのか」

図14　見いだした問題を解決可能な課題にする

　図13の例では、明確化した目標から生徒が設定する課題は、「老眼鏡をかけると近くのものにピントが合うのは（What）、凸レンズが2枚になることで光の進み方がどのように変化するからか（How）」となる。この課題から、凸レンズの性質を調べた際の光学台を用いて実験装置にもう一枚凸レンズを加えたときの像ができる位置を調べればよいことが分かり、観察、実験の計画へと探究の過程が自ずと進んでいくことになる。このように、指導目標と生徒が設定する課題とは連動しており、課題の解決とともに目標が達成される。

　なお、探究的な学習活動における実験の計画とは、必要な全ての実験器具を考えて集めたり、装置を組み立てたりすることを指すのではなく、課題を解決するための観察、実験の方略を生徒が指摘することである。また、モデル実験においては、生徒が実際の事象とモデルとの対応を指摘する学習活動も重要である。

(2) 明確化した目標に正対した評価規準を設定した後、教材や授業の構成を検討する順序の意味

　授業づくりにおいて、はじめに生徒の実態を踏まえて単元や授業で育成する資質・能力から目標を明確化した後、次に評価規準を設定することが重要である。評価規準は質的であり、全ての生徒が到達すべき姿として記述されたものである。評価規準を設定することによって、その姿が見られる学習活動（授業場面）が焦点化され、重点を置くべき探究の過程が明らかとなる。その探究の過程を生徒が主体的に遂行できるように、生徒自身が疑問をもち問題を見いだして課題を設定するための手立てや、教材開発や提示、授業構成の工夫などの支援を検討するようにする。この順序で授業づくりを行った場合、目標と評価規準がねじれることはない。これは、いわゆる逆向きの授業設計であり、構成されたものは必然的に「主体的・対話的で深い学び」となる。

　しかし、忙しい現場では往々にして、この授業づくりの順序が逆になり、生徒の実態を踏まえずに内容を身に付けさせようとして、教材ありきの授業構成になることがある。授業づくりの順序を間違えて内容を身に付けさせることに重点を置いた授業を構成して展開した場合、受動的で知識・理解に偏重した学習指導となり、バランスのとれた資質・能力の３つの柱の育成に結び付かないことになってしまう恐れがある。

　この授業づくりの順序（逆向きの設計）は、最近になって言われ出したことではなく、科学的な探究の授業づくりの基本として昔から指摘されてきた。B4横サイズの一枚物の指導案が主流だったときから、「指導案の左側（単元観や生徒観、指導観等）から書き始め、本事案は後から書く」ことと趣旨は同一であり、不易の部分であると考える。

(3) 単元ごとの「指導と評価の計画」を作成し、評価の設定及び総括について検討

　「指導と評価の一体化」のための学習評価に関する参考資料【中学校　理科】（2020 国立教育政策研究所）では、平成29年版の目標や内容、平成29年版解説等を踏まえて単元の目標を作成した後、単元（内容のまとまり、中学校理科の新学習指導要領においては中項目を指す）ごとの評価規準を設定し、「指導と評価の計画」を作成して評価場面や評価方法等を計画することが示されている。具体的には、どのような評価資料（生徒の反応やノート、ワークシート等）を基に、「おおむね満足できる」状況（B）を検討したり、「努力を要する」状況（C）への手立て等を考えたりして表にまとめたものである。その例が表２である。

　この「指導と評価の計画」に沿って単元の学習活動を展開し、観点別学習状況の評価を行うとともに、記録には残さないが生徒の学習改善や教師の指導改善につなげる、形成的評価を通して指導を改善する。表２の記録の欄に〇印がない時間は評価を行わないのではなく、形成的評価は常に行うことに注意が必要である。

　記録に残す評価として、全体を通して「知識・技能」の観点は設定されている。単元で

表2　「指導と評価の計画」の例

時間	ねらい・学習活動	重点	記録	備考
1	・身の回りの物体の運動の様子を詳しく観察し，物体の運動の要素を調べる。 ・運動している物体の速さは，単位時間に移動する距離で表されることを理解する。	知		・運動には速さと向きの要素があることを理解している。 ・物体の速さは，単位時間に移動する距離で表されることを理解している。
2	・身近な物体の運動の様子を調べる実験を行い，記録タイマーの正しい操作と物体の運動の様子を定量的に記録する技能を身に付ける。	知	○	・記録タイマーを正しく操作し，力学台車の運動の様子を調べる実験を行い，記録テープを適切に処理する方法を身に付けている。〔行動観察，記述分析〕
3	・物体の運動の様子を調べた実験結果を分析して解釈し，運動の規則性を見いだす。	思		・実験結果から，力が働き続ける運動で，時間と速さ，時間と移動距離との関係を見いだして表現している。
4	・水平面上で，おもりを糸でつないだ力学台車を運動させる実験を行い，問題を見いだして課題を設定する。	態	○	・実験結果を基に，力学台車の運動の様子の違いに着目して，課題を見いだそうとしている。〔記述分析〕
5	・傾きを変えた斜面などを使って，力学台車の運動の様子を調べる実験を行い，実験の結果を分析して解釈し，水平面に対する斜面の傾きと速さの変わり方の規則性を見いだす。	思	○	・実験結果から，斜面を下る力学台車の速さが時間とともに一定の割合で変化していることを見いだして表現している。〔記述分析〕
6	・エアトラックなどを使って，物体の運動の様子を観察し，力が働かない運動では物体は等速直線運動をすることを見いだす。 ・物体に力が働かないときや，力が働いてもそれらがつり合っているとき，物体は静止し続けることを理解する。	思	○	・実験結果から，時間と速さ，時間と移動距離との関係を見いだして表現している。〔記述分析〕 ・物体に力が働かないときや，力が働いてもそれらがつり合っているとき，物体は静止し続けるか等速直線運動をすることを理解している。
7	・物体に力を働かせると，2つの物体が互いに力をおよぼし合う（作用・反作用）ことを理解する。	知		・2つの物体の間で力が働くときには，互いに相手に対して力が働くことを理解している。
8	・水平面上で，おもりを糸でつないだ力学台車が運動するときの様子について，力が働くときと力が働かないときの運動の規則性と関係付けて，課題を解決する。	態	○	・習得した知識・技能を活用して，力学台車に働く力の大きさの違いと力学台車の速さの変化を関係付け，課題を解決しようとしている。〔記述分析〕
9	・運動の規則性に関する学習を振り返り，概念的な知識を身に付けているかどうかを確認する。	知	○	・運動の規則性に関する概念的な知識を身に付けている。〔ペーパーテスト〕

学習評価に関する参考資料　P.57 から抜粋

身に付けた〔知識及び技能〕を活用して〔思考力，判断力，表現力等〕を発揮するため、「思考・判断・表現」は「知識・技能」の後に設定されている。〔学びに向かう力、人間性等〕は、単元内の区切りのよいところや単元の後半に設定され、身に付けた〔知識及び技

能〕を活用しながら課題解決や探究的な学習活動において生徒が試行錯誤する中で「自己調整」と「粘り強さ」を把握して、「主体的に学習に取り組む態度」として評価を行う設定にしている。

単元の学習後に集めた評価資料やそれに基づく評価結果などから、観点ごとの総括的評価（A、B、C）を行う。例えば、「主体的に学習に取り組む態度」の評価が、単元内で3回設定されていた場合、単元の最初の評価より、単元末で学習が深まった状態の評価に重みがあることが考えられる。例えば、この場合の評価がBBAの場合、単純に総括するとBであるが、単元の学習が深まった最後の評価が他の2回より重みがあると考えられ、総括してAとすることは十分に考えられる。

また、〔思考力、判断力、表現力等〕の観点別評価「思考・判断・表現」では、単元で働かせる見方・考え方を働かせて課題解決や探究する時間の評価が、他の見方・考え方を働かせる評価より重みがあることは十分に考えられる。また、「知識・技能」と「思考・判断・表現」は、ペーパーテストでも把握できることから、定期考査の結果を基にした評価に重みがあると考えられる。ただし、ペーパーテストの問いが学習した文脈では、知識を再生しているだけのことが考えられるため、学習した文脈とは異なる文脈で問いを設定し、「思考・判断・表現」できるかを把握する必要がある。

このように、複数時間にわたる課題解決や単元に特徴的な見方・考え方を働かせる授業の評価や単元上の位置付け等を考慮し、重みを付けて観点ごとの総括的評価を行うことは重要である。しかし、観点ごとの総括的評価を基に評定を出す際、観点ごとの総括的評価に重みを付けて評定を出すことは望ましくない。「評価しにくいから軽くする」「学校の研究や教育目標から、特定の資質・能力に重みを付ける」ことは、資質・能力をバランスよく育成する上から適切ではない。重み付けの詳細については、「学習評価の工夫改善に関する調査研究」（2004 国立教育政策研究所）が参考になる。

2. 科学的な探究を主体的に遂行できるようになることを目指した授業づくりのポイント

（1）事物・現象を探究するために適切な探究の過程（授業の流れ）を、事象の再現性を基に把握する

探究の過程の一つの例として、平成29年版解説理科編のp.9には、仮説を立てて検証するための観察、実験を行う過程が示されている。探究の過程は、対象となる事物・現象の再現性によって科学的な探究のアプローチは多様であると考えられ、決して一つではない（図1）。

平成29年版解説理科編p.9を参考に、根拠を基に仮説を立て、検証のための観察、実験を行い検証する授業実践が行われているものの、そもそも生徒にとって仮説を立てることが困難であったり、生徒が何をやったらよいか分からず混沌とした展開になって教師が

再現性が高い事物・現象の探究の型
仮説検証型
観察，実験結果を基に，仮説演繹法に基づいて思考し，知識及び技能を活用して事物・現象の説明仮説を立て，変数に着目して検証のための観察，実験を計画して実行し，結果を分析・解釈して結論を導出
実験・結論型
課題解決の目的をもって変数を制御しながら実験を行い，実験結果を分析・解釈して規則性の有無を見いだして結論を導出

再現性が低い事物・現象の探究の型
原因類推型
観察結果を基に，仮説的推論に基づいて思考し，時間的・空間的に長大で，再現性が低い事物・現象の合理的な説明（結論・説明仮説）を発見的に導出
観察・結論型
課題解決の目的（観察の視点）をもって観察を行い，観察結果を分析・解釈して規則性・多様性を見いだして結論を導出

図1　事物・現象の再現性に着目した探究の型（名称は筆者）

教え込んでしまったりする実践を目にすることがある。この原因の一つは、生徒がそもそも仮説を立てられないのに仮説検証を行う場合が考えられる。例えば、「回路に流れる電流は電圧とどのような関係があるか」という課題に対しては、生徒の「電圧を2倍、3倍にすると電流も …」という直感的な予想で十分であり仮説は必要ない。根拠は明確ではないが、この変数を制御して実験を行えばなんとか解決できそうだというように、探索的に実験を行って考察し、規則性を見いだすことも科学的な探究である。このような展開を図1では、「実験・結論型」と呼んでいる。仮説は、身に付けている〔知識及び技能〕を活用して、事物・現象をうまく説明できる説明仮説と、その説明仮説を確かめる観察、実験の方法と仮説が成り立つ際の結果の予想からなる作業仮説に分けられる。作業仮説を立てることは、図1の「仮説検証型」の授業における学習の（探究の）見通しをもつことでもある。平成29年版では、予想や仮説としてくくられた表記となっているが、生徒の発達段階や扱う事物・現象に応じて使い分けて探究の過程を構成することが重要である。

　主に第2分野で扱う事物・現象は再現性が低いものが多く、観察や観測を通して規則性を見いだしたり解決できたりする探究を、図1では「観察・結論型」と呼んでいる。全く再現性がない大地の変化に関する事物・現象は、結果を説明する仮説を複数設定し、それらの妥当性を吟味して、合理的な仮説を作り上げる探究、図1では、「原因類推型」と呼んでいる。この「原因類推型」のアプローチは、「仮説検証型」の仮説を設定する際にも発揮される。このように、探究の過程は事物・現象の再現性に合わせてアプローチを変えて授業を構成することが重要であり、このアプローチを繰り返すことによって、理科の見方・考え方も豊かで確かなものになる。

　なお、理科におけるものづくりのように、複数の変数を色々変えて観察、実験を行い、最適解を求めるような工学的なアプローチも探究の過程の一つとして重要である。この探究の過程は、科学（Science）、技術（Technology）、工学（Engineering）、アート（Art）、数学（Mathematics）の5つの領域を横断して探究し、創造する学びのサイクルとして注目されているSTEAM教育にも通じるものと考えられる。

（2）生徒が課題を設定する場面を計画し、探究の過程を見通す

　主体的に科学的な探究を遂行できるようになる上で、生徒が課題を設定することによって、自分のこととして捉えるようにする学習活動が重要である。設定する課題は、中学生にとって解決が可能であり、第4節の図14で説明したように、気付いた疑問や見いだした問題がそのまま課題になるわけではない。生徒が事物・現象を観察して原因として考えられる要因を抽出し、変数を含む表現で課題を記述することによって、動機付けを行うとともに観察、実験への計画へと探究の過程が進むようにすることが重要である。解決可能な課題を設定することは、短期間のうちにできるようになるわけではなく、一連のプロセスを教師の支援や他者との対話を通して繰り返し行うことで身に付けていく。はじめは時間がかかるため教師が主導して行う面が強いが、繰り返し指導することで徐々に時間が短くなり、教師の少しの支援で生徒は課題を設定できるようになる。

　課題の設定のプロセスは、観察による一つの小さな探究の過程と捉えることができる。この小さな探究によって、明らかにしたい課題を生徒一人一人が明確にもつことができ、次の主となる探究の過程に主体的に取り組めるようになると考える。この一連の探究の過程は、文化人類学者の川喜田二郎（東京工業大学名誉教授）が提示した、W型問題解決モデルによく当てはまる。このモデルでは、課題解決の過程が思考レベルと経験レベルとに分けられて俯瞰的に表現される（図2）。課題設定のプロセスは、最初のVの部分であり、教師からの問題提起によって探検的、探索的に事象の観察、実験を行う。生徒のもつ科学的な知識で説明ができなかったり、予想とは逆の驚くべ

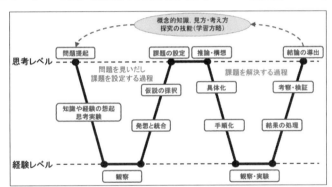

図2　探究の過程を「W型問題解決モデル」で捉えたイメージ

き事象に出会ったりすると、なぜそのようになるのか原因を推論し始める姿が見られる。この姿から、実際には、課題を設定するよりも前に生徒は説明仮説を立てていることが分かる。説明仮説を立てたあと、その説明仮説を確かめることが可能か検討し、課題が設定される。その課題の解決は、W型問題解決モデルにおける二つ目のVの部分であり、この部分のプロセスは図1で説明した事物・現象の再現性や発達段階を考慮して適切に設定する必要がある。

（3）対話を通して個人の考えが高まるように、対話の形式を
　　検討する

　探究の過程における課題は、生徒一人では解決が困難であるが、他者との対話や教師の適切な足場掛けによって解決できるレベルを意識したものであることから、対話の質を高

める手立てが重要である。理科における対話は、社会生活でよく行われる合意点を探ることではない。自分と他者の考えを比較して妥当性を吟味し、考えを高めたり合理的に判断したりすることで、前提となる自然の事物・現象などの事実から出発し、観察、実験の結果を分析・解釈して、当然そういう考察（帰結）になるという論証の過程を生徒の一人一人が行うことである。

　多くの学校では、自分の考えをもつ時間を保証したあと、小グループで話し合って代表者が発表し、教師が全体のまとめを行う学習活動が展開されている。全体で考えを共有する場面では、表現する機会を保証する意図から、全ての小集団の代表が発表する展開が見られる。この展開では、時間がかかる上に発言する生徒は一部であり、言語活動として不十分である。また、理科が得意な一部の生徒によって学習活動が進行することがあり、理科に苦手意識のある生徒にとって対話が十分でない状況がある。全ての生徒が対話を通して論証を行うためには、対話の形式を工夫する必要があり、生徒が主体的に科学的な探究を遂行できるようになる上で重要である。

　図3は、協働的な学習活動を取り入れた、対話の工夫の例である。個人・小集団で考え、全体で共有するという対話の流れにおいて、小集団で考えた後に他の小集団と議論を行い、その結果を自分の小集団に持ち帰って考えを練り直すプロセスを重要視したものである。小集団の発表者だけが他の小集団に出かけて議論する方法を「特派員方式」、発表者が残り、それ以外の生徒が様々な班へ出かけて議論する方法を「MD（Marketing Discussion）法」と呼ぶ。これらの協働的な学習活動を展開する際、発表者

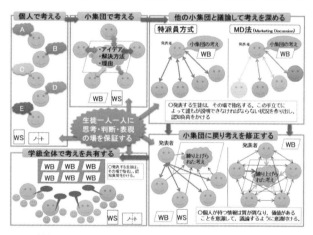

図3　協働的な学習活動を取り入れた対話の工夫の例

を出かける直前まで指示しないことが重要である。この手立ては、小集団の誰もが考えを明確にもつことと発表できることを促し、生徒一人一人の表現する機会を保証するとともに対話の質を高めることを狙っている。他の小集団と議論した後、自分の小集団に戻って議論した内容を基に考えを高めて練り上げ、最終的に全体で共有する。練り上げた小集団の考えは収束したものになることが多いため、全体で共有する際は一部の班の発表で十分に生徒は納得し、時間の短縮が可能である。

　「特派員方式」や「MD法」を用いた協働的な対話を取り入れると、時間が足らなくなると考えがちである。しかし、実際は他の小集団との議論のために対話が活性化され、最初の小集団の対話も短時間になり、全体で共有する時間も短くなることから、協働的な対話を行う時間を十分に生み出すことができる。また、学校で協働的な対話の手法を共通化

し、論証、合意、価値観や考えの洗練などの対話の目的に応じて話し合う能力を身に付けることに生徒が注力できるようにすることも大切である。

（4）生徒が探究の過程をメタ認知しながら、探究の過程を調整する場面を検討する

日々の探究的な学習活動は、生徒が主体的に科学的な探究を遂行できるようになることを目指して展開される。生徒が科学的な探究を遂行する際、途中で探究がうまく進まなくなることがある。その際、生徒が検討しなければならないのは、観察、実験操作のミスや結果の処理の間違いなどの探究の各過程における手続の不備の有無と、そもそも課題を解決するための方略（探究の過程のデザイン）が適切であったかの2点である。この視点から探究の過程を調整できるようにするためには、課題の解決に向け

図4　探究の過程における自己調整

て観察、実験がうまく進んでいるかどうかを監視（メタ認知的モニタリング）し、課題を解決するための方略（探究の過程のデザイン）が適切かどうか検討して評価（クリティカル・シンキング）して、探究の過程そのものや各過程の手続を調整（メタ認知的コントロール）する学習活動をカリキュラムに組み込む必要がある（図4）。

教科書に掲載されている観察、実験は、多くの教師によって実践されて改良を重ねた質の高いものである。そのため、観察、実験を失敗する生徒は少なく、効率よく探究の過程を遂行できるため、課題解決の方略を考え直す（調整する）ことは少ない。そのため、教科書の観察、実験を行う学習活動だけでは、

図5　探究がうまくいかない状況の足場掛けの例

図4に示した、主体的な探究の過程を遂行する上で重要なメタ認知と自己調整に関する能力は育成されにくいと考える。そこで、単元末等に、身に付けた〔知識及び技能〕を活用して課題解決を行うパフォーマンス課題を設定し、安全に配慮した上で、その解決の過程で生徒が陥りやすいミスや探究がうまく進まない状況になることを意図的に計画することが考えられる。そのような状況に生徒が遭遇した際には、解決に向けての足場掛けとしてのヒントや情報を提示して、生徒の力で解決できるように支援することが重要である。この支援の例として、平成30年度全国学力・学習状況調査において明らかになった課題を踏まえた、理科の学習指導の改善・充実のポイントの映像資料を公開している。

（国立教育政策研究所 理科映像資料 https://www.youtube.com/watch?v=BZiIbUPPKAk）

なお、教科書の観察、実験を行う際にも、あえて不完全な観察、実験の方法を提示する

ことで、足りない条件を考え、自分が考えた方法で解決できるかどうか検討することを意識付けることによってメタ認知を促すことが考えられる。また、電流と電圧、時間と温度の変化の計測を行う観察、実験では、変化の規則性を見取る目的から独立変数の変域や刻み幅を設定することによってもメタ認知及び自己調整を促すことも考えられる。

（5）考察から「まとめ」までの学習活動の在り方を検討する

　課題を設定して、その解決に向けて観察、実験を行い、結果を考察する一連の探究的な学習活動を行った後、生徒が見いだした規則性を一般化して教師が科学的な知識を伝える学習指導の過程を「まとめ」と呼ぶことが多い。科学的な知識の中には、教師が生徒の実態を踏まえて丁寧に教えるべきものがあり、その知識を基に生徒が探究的な学習活動を通して得た考察や結論をさらに深く理解する学習活動が「まとめ」である。知識及び技能の習得に重点を置いた授業では、新しい科学的な知識が既有の知識と結び付くように丁寧な「まとめ」を行うことが大切である。単元末等に位置付けられたパフォーマンス課題を解決する授業では、探究で得られた考察や結論を日常生活や社会と結び付け、理科を学ぶことの意義や有用性を実感できるように「まとめ」の在り方を工夫することが大切である。このように「まとめ」は、科学的な知識を伝えることだけが目的ではなく、生徒の探究の成果を意味付けてさらなる探究へと誘うようにすることが重要であり、授業の目標に応じて適切かつ柔軟に設定することが重要である。

　生徒の考察や結論を科学的な知識とともに「まとめ」として教師が板書する実践を見ることがある。考察や結論は探究の過程の一部であり、生徒の主体的な学習活動を重視するのであれば、教師主導の学習活動である「まとめ」と混同してはならない。また、観察、実験が終わった段階で、結果を黒板で共有し、それ以後の探究の過程を区切り、スモールステップで行う実践も見られる。このような展開では、生徒の課題解決の意欲が持続しにくく、思考の流れも途切れやすいため、教師の板書を写すだけの受動的な学習態度になりがちになり、主体的にはなれない。生徒が探究の過程を見通し、主体的に課題解決を目指しているのであれば、観察、実験を行って結果を処理し、考察するまでは一連の学習活動として区切るべきではない。

（6）「振り返り（省察）」の視点と授業上の位置付けを検討する

　授業の終末に「振り返り」を行うことが広く行われている。学習活動を振り返り、次の学習活動に生かすことは重要であるが、問いが毎時間同じであったり、授業の狙いと一致していなかったり、漠然とした感想を書かせたりする実践を目にする。このような実践が全教科で行われると、学習活動の形骸化や学習時間の圧迫を招きかねない。

　生徒に学習活動を振り返らせる意義は、理科における主体的・対話的で深い学びが探究的な学習活動であり経験学習であることから、図6に示した学習サイクルを促進することである。つまり、探究を通した（経験を通した）学びから今後の学習活動に役立つ知識や

方略を見いだし、未知の状況に適用できるようにすることである。そのためには、授業の目標に合わせて、①内容に関する振り返り、②探究の過程に関する振り返り、③学習内容の活用に関する振り返りについて問いを適宜設定し、生徒に振り返りの視点を明示して、学習したことの意義や価値の自覚を深めるようにすることが重要である。

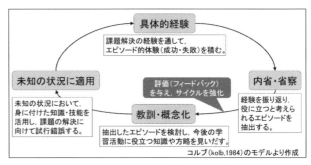

図6　経験学習サイクルから捉えた「振り返り（省察）」の意義

また、振り返りは必要に応じて行い、例えば家庭学習として行って次時に前時の復習を兼ねて互いの考えを共有するなど、終末以外でも効果的な展開を検討すべきである。

（7）考えの変遷を記録し、自分の記述の価値を実感するノートやワークシートを検討する

探究の過程を振り返り、今後の学習活動に役立つ知識や方略を見いだし、未知の状況に適用できるようにするためには、ノートやワークシートの工夫が大切である。

図7は、令和2年度国立教育政策研究所教育課程研究の指定校である岡山県浅口市立鴨方中学校が開発した探究の過程における思考と情意面を記録し、振り返りを充実させるワークシートである。A3見開きの大きさで、右側のページが課題を設定するまでの過程、左側のページが設定した課題を解決するまでの過程を俯瞰できるようになっており、W型問題解決モデルを具現化している。それぞれのページの右端（枠で囲んだ部分）に

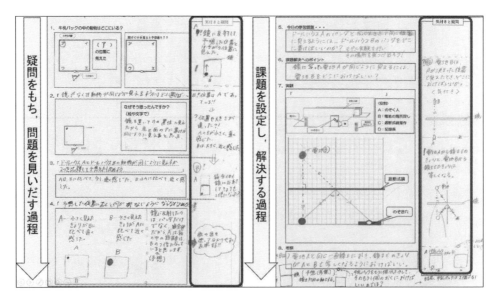

図7　探究の過程に沿って自分の思考と情意を記録するワークシートの例

は思考や情意面を生徒が自由に記述する欄があり、記述（ノートづくり）をする際、1時間の学習活動を振り返るときのインデックスとなるように、疑問や気付きを「？」マーク、解決や理解したことを「！」マークを付けて情意面とともに記録するように工夫されている。

　この授業は、鏡に映った物体の見え方について、実際に鏡の裏側に物体を置き、鏡を置いた時の見え方と同じになる位置を試行錯誤しながら特定することで、鏡の幾何光学的な規則性を見いだす「思考力・判断力・表現力等」の育成をねらいとした授業のワークシートの記述例である。「鏡がないとき、鏡に映った像と大きさと位置が同じに見えるためには、物体をどこに置いたらよいか」という課題を設定し、モデル実験を通して解決するまでの思考と情意面が記録されている。さらに、授業中に行った考察を宿題として、もう一度振り返って考察を行い、新たな気付きや考えを文字の色を変えて枠外に記述し、最初の考察に付け加える手立てを行っている（図8）。この記述から、最初の考察はおおむね評価規準に達していてBであるが、2回目の考察の記述からは十分に評価規準を越えていると考えられるためAと評価できる。これらの手立てや工夫によって、生徒は1時間の探究の過程を俯瞰し、インデックスを基に充実した振り返りを通して学びを深めるとともに、教師も観点別学習状況の評価が行いやすくなる。

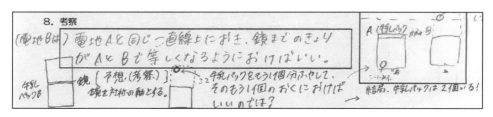

図8　振り返りで考察をさらに深めた記述例（枠外の記述が2度目の考察）

　生徒にとって、探究の過程に沿って自分の思考の過程や情意面を記録したノートをつくり、振り返りを行うことはメタ認知を育成するとともに省察を促して深い学びのサイクルを駆動する原動力になる。また、振り返りは学習評価のためだけでなく、生徒同士が共有することで、自分とは異なる他者の考えによって自らを高められることに気付くようにすることも重要である。このことは、対話を通して協働し、複雑な課題をよりよく解決できる自律した学習者となる基盤につながると考える。

　探究の過程が全て書いてあり、キーワード等を記述する空欄を設けているワークシートも発達段階や生徒の実態によっては有効であろう。しかし、このタイプのワークシートは、生徒の発想の自由度が少ないため、いつまでも使い続けることは生徒の課題解決における思考を狭め、資質・能力をバランスよく育成できない恐れがある。生徒が生きていく変化の激しい複雑な社会にワークシートはないのである。

第 III 章

資質・能力を育成する
中学校理科の実際

光の道筋を予想して規則性を見いだす

1. 小単元「光の反射・屈折」

2. 小単元で育成する資質・能力を踏まえた評価規準

知識・技能	思考・判断・表現	主体的に学習に取り組む態度
①光に関する事物・現象を日常生活や社会と関連付けながら、光の反射や屈折についての基本的な概念や原理・法則などを理解している。 ②光について、科学的に探究するために必要な観察、実験などに関する基本操作や記録などの基本的な技能を身に付けている。	③光について、問題を見いだし見通しをもって観察、実験などを行い、光の反射や屈折の規則性や関係性を見いだして表現しているなど、科学的に探究している。	④光に関する事物・現象に進んで関わり、見通しをもったり振り返ったりするなど、科学的に探究しようとしている。

3. 小単元の指導計画　○指導に生かす評価　◎指導に生かすとともに記録して総括に用いる評価

次	時	○◎評価規準 （評価方法）	・学習活動
第一次	1	○知識・技能① （ノート）	・普段あまり意識しない光の直進や、光の三原色について実験を行い、光の基本的な性質を理解する。光の基本的な性質を基に身の回りの物体が見える現象が光の道筋を矢印で表すことによって説明できることを理解する。
第二次	2 3 4	○思考・判断・表現③ （行動の観察・ノート） ◎知識・技能①② （行動の観察・ノート） ○主体的に学習に取り組む態度④ （行動の観察・ノート）	・テレプロンプターのモデルを作り、テレプロンプターに映る像が発表者には見えて聴衆には見えないことに問題を見いだして課題を設定し、光の矢印を使って仮説を立てる。 ・鏡で反射する光の道筋について実験を行い、前時に立てた仮説を検証するとともに規則性を見いだす。 ・光の反射の法則を基に、身の回りの光の反射に関する現象の具体的な例を挙げて説明する。
第三次	5 6 7	○思考・判断・表現③ （行動の観察・ノート） ◎知識・技能①② （行動の観察・ノート） ○主体的に学習に取り組む態度④ （行動の観察・ノート）	・水中にある物体が実物とは異なる位置に見えることに問題を見いだして課題を設定し、光の道筋を使って仮説を立てる。 ・ガラス面や水面で屈折する光の道筋について実験を行い、前時に立てた仮説を検証するとともに規則性を見いだす。 ・光の屈折の法則を基に、身の回りの光の屈折に関する現象の具体的な例を挙げて説明する。

小単元における　指導と評価のポイント

❶ 光の道筋の予想を意識した観察、実験を通して、像の見え方への理解を深める

光に関する事物・現象を科学的に探究する際には、光の進み方を予想したり記録したりすることが大切である。しかし、日常生活や社会の中では、像は見えても光の道筋は見えないことの方が多いため、光の道筋を意識して事物・現象を考察することが本小単元の鍵である。そこで、第一次で光の直進や物体の見え方についての知識を習得できるようにする。その後、光の道筋や像のでき方を予想したり記録したりしながら探究する活動を展開し、光の反射・屈折に関する事物・現象についての規則性を見いだし、理解を深められるようにする。

❷ ものづくりから仮説を立て検証することで規則性を見いだし表現できるようにする

ものづくりを取り入れることは、原理や仕組みについて実感を伴った理解を促し、学習内容を日常生活や社会と関連付ける上で有効である。ここでは、テレプロンプターのモデルを作る活動を行う。テレプロンプターの条件を満たす工夫をする過程で、光に関する問題を見いだし、仮説を立て、それを検証することを課題として学習を進めていく。

小単元における　学習の過程　　　学習の過程における　指導と評価の一体化

第一次 ❶
○記入した質問や気付きを全体に紹介したりフィードバックを与えたりすることで、生徒が主体的に探究できるようにする。
○ノートの記述から、次時で活用する光の直進や光の道筋についての基本的な〔知識及び技能〕の習得状況を評価し、指導に当たる。

| 〔知識及び技能〕の習得 | 光の直進性と物体の見え方についての知識や、光の進み方を探究するための光の道筋を記録する技能を習得する。 |

第二次 ❶ ❷
◎ものづくりの過程で光の反射でできる像について問題を見いだし、自分たちが設定した仮説を検証する活動で、習得した知識を活用して考察しているか評価し、指導に当たる。
○光の道筋や像のでき方について、習得した技能を活用して仮説に沿って実験できるようにする。

| 〔知識及び技能〕の活用 | 光に関する知識と光の道筋を記録する技能を活用して光の反射に関する課題を解決する。 |

第三次 ❶
◎光の屈折についての実験においても、第二次までの活動を生かして光の道筋や像のでき方を考察しているかを、記入の状況から評価し、指導に当たる。
○単元を通して学んだことを振り返り、光に関する事象に対する探究に取り組む態度の変容に気付くことができるようにする。

| 光の反射・屈折に関する身近な事象の探究 | 身近な光の反射・屈折に関する事象を考察するとともに探究の過程を振り返る。 |

目指す生徒像

光の道筋や像のでき方を予想して、光の反射・屈折についての規則性を見いだし表現できるとともに、身の回りの物体や像の見え方と光の進み方を関係付けて見たり考えたりすることができる生徒。

小単元で目指す生徒像の育成に向けてのポイント

「生きて働く〔知識及び技能〕の習得」に向けて

　本小単元では、光の道筋を矢印で表して記録したり考えたりする学習活動が大切である。しかし、「物体から光の矢印が出るはずがない」「目で見るから光の矢印は目から物体に向く」など、誤った概念をもっていたり、光の道筋の表し方が不適切であったりする生徒も少なくない。そこで、第一次で物体が見える現象について、小学校で学習した光の反射に関する知識と関連付けながら、光の直進性と物体の見え方、光の道筋を記録する技能を習得する。その後、光の反射や屈折の実験結果を光の道筋で表すことで規則性を見いだして理解を深めるようにする。

　このようにして、光に関する〔知識及び技能〕を理科の学習だけでなく生活などに生かせるようにしたい。

「未知の状況にも対応できる〔思考力、判断力、表現力等〕の育成」に向けて

　本小単元では、光の道筋を常に視点として探究的な学習が進められるように指導に当たる。具体的には、反射や屈折に関する身近な現象を教材に取り上げ、「光の道筋は？」と問いかけて視点をもたせることで、問題を見いだして課題を設定し、見通しをもって観察、実験を行い考察できるようにする。その際、例えば「テレプロンプターのモデルを作るときの注意点」を考えることで、習得した光に関する知識及び技能を活用して、主体的に探究できるようにする。その過程において、物質の境界面と光の進み方の変化を関係的な見方を働かせて、光が反射や屈折するときの幾何光学的な規則性を見いだして表現できるようにするとともに、理科を学ぶ意義や有用性を実感できるようにする。

　このように当たり前と考えていた事象の中から課題を設定して探究することによって育んだ〔思考力、判断力、表現力等〕は、身近にある光学現象にも活用されるものと考える。

「学びを人生や社会に生かそうとする〔学びに向かう力、人間性等〕の涵養」に向けて

　「ものが見える」や「鏡に映ったものが見える」といった現象は、生徒にとってあまりにも身近なため、自ら疑問をもつことが難しい。このような光に関する現象を、いかに意識的に捉えさせ、問題を見いだして課題を設定し、理科の見方・考え方を働かせて探究できるようになるかが指導のポイントになる。そこで、白色光がプリズムなどによっていろいろな色の光に分かれることに触れたり、これらの色を使って、物体の色の見え方を考えたりする学習を通して、光やものの見え方に対する関心を高めるとともに、直進する光の道筋を意識的に捉え、主体的に光の進み方と物体や像の見え方の規則性を見いだすことの楽しさを味わわせるようにしたい。

　また、探究の過程における疑問や気付きを記録し、単元を通して自己の変容に気付くこととともに指導の改善に生かすことで指導と評価の一体化を図り、主体的に学習に取り組む態度を育んでいきたい。

小単元で目指す生徒像の育成に向けた授業の例

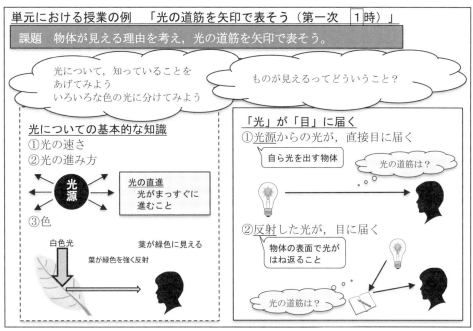

単元における授業の例　「光の道筋を矢印で表そう（第一次　1時）」

課題　物体が見える理由を考え，光の道筋を矢印で表そう。

光について，知っていることを
あげてみよう
いろいろな色の光に分けてみよう

ものが見えるってどういうこと？

光についての基本的な知識
①光の速さ
②光の進み方

光源

光の直進
光がまっすぐに
進むこと

③色

白色光　　　　　　　　葉が緑色に見える

葉が緑色を強く反射

「光」が「目」に届く
①光源からの光が，直接目に届く

自ら光を出す物体

光の道筋は？

②反射した光が，目に届く

物体の表面で光が
はね返ること

光の道筋は？

単元における授業の例　「テレプロンプターのモデルを作ろう（第二次　2時）」

活動1　課題　テレプロンプターの条件を満たすモデルを作ろう。

テレプロンプターは，次の条件
を満たす道具です
■話し手側
視線を原稿に下げないで文字が
見えて，読める。
■聞き手側
文字は見えない。話し手の顔は
見える。

材料をどのように設置すると使うと条件を満たすかな？

＜聞き手側＞　　　　　　　　　　　　　　　＜話し手側＞

原稿

条件を満たすための工夫の例
■文字から，話し手の目に光が届くように透明な板
の角度を調整する。
■話し手側から見て，原稿の文字は左右をそのまま
で上下を線対称にして書く。

活動2　課題
各班の工夫点を比較して，そこから見
いだした問題に対し，光の法則・規則
性についての私たちの仮説を作ろう。

第1分野　1年

小単元における資質・能力を評価するペーパーテストの例

(1) 資質・能力を評価し指導に生かす

図1のペーパーテストは、小単元で光の反射・屈折に関する基本的な〔知識及び技能〕の習得の状況と、光に関する身の回りの事象の中から問題を見いだし、〔知識及び技能〕を活用して思考・判断・表現する能力の育成の状況を評価し、その後の指導に生かすために作成した問題の例である。表1は各設問のポイントである。

(2)「知識・技能」について

生徒が授業で身に付けた〔知識及び技能〕は、光に関する基本的な概念や見いだした規則性、及び現象を観察したり光の道筋を記録したりする技能等がある。知識を直接問うだけでなく、新たな場面の中で生きて働く〔知識及び技能〕になっているかを評価する設問を作成している。

(3)「思考・判断・表現」について

「思考・判断・表現」に関する設問は、生徒が授業で身に付けた〔知識及び技能〕を活用し、〔思考力、判断力、表現力等〕を発揮して解決できるかどうかを問いたい。そのために、解答が知識の再生だけに留まらぬよう未知の文脈を設定する必要がある。

授業では、テレプロンプターのモデル作りを通して、光の反射の規則性を見いだした。これらの過程で身に付いた科学的に探究する力を評価できるように、設問の設定を工夫する。

表1 図1のペーパーテストにおける各設問のポイント

問1	単元における「知識・技能」の評価規準に基づき、光の直進についての基本的な概念や知識・技能を身に付けているか評価する。 【正答の例】 照明Ⅰ、Ⅱ、Ⅲの各点から点Bに直線を引き、矢印で表している。
問2	単元における「思考・判断・表現」の評価規準に基づき、光が反射するときの像ができる位置に関する知識を活用して、光源の像の位置を表現することができるか評価する。 【正答の例】 高窓に対して線対称の位置に表している。（問3の図に記載）
問3	単元における「思考・判断・表現」の評価規準に基づき、光が反射するときの光の進み方に関する知識・技能を活用して、光源から出る光の道筋を表現し、観察者が像を見ることができるかどうかを判断することができるか評価する。 【正答の例】 ア：1　イ：2　ウ：3

　さくらさんは、学校の理科室で見られた光の反射に関する現象について、科学的に探究してレポートにまとめました。このことについて、次の問いに答えなさい。

実験レポート

【問題の発見】
　廊下の明かりが消えて暗いとき、理科室の高窓の内側に、理科室内の照明が映って見えた。このとき、ガラスに反射して見える照明の個数は、座席の位置によって変化することに気付いた。この現象を、授業で学習した光の反射の法則を使って説明したい。

【課題】
　理科室の高窓に映って見える照明の個数は、壁からの距離が変わるとどうなるのだろうか。

【仮説】
　壁からの距離が遠くなるほど、高窓に映って見ることができる照明の個数は多くなると考えた。

【実験】
　①　まず、理科室の高さや幅などを測定し、理科室の見取り図を作成する。この見取り図を使って、照明Ⅰ、Ⅱ、Ⅲのそれぞれから出る光の道筋を作図し、光がどのようにガラスで反射して進むかを推測する。
　②　理科室の色々な場所で、映って見える照明の数を確かめる。

【結果】
　理科室のAの地点では（　ア　）個、Bの地点では（　イ　）個、Cの地点では（　ウ　）個の照明が高窓に映って見えた。

【考察】
　実験の①で推測した個数と、実験の②で実際に見えた個数は同じであった。壁からの距離が遠くなるほど、高窓に映って見える照明の個数は・・・・・・。

さくらさんが作成した理科室の見取り図

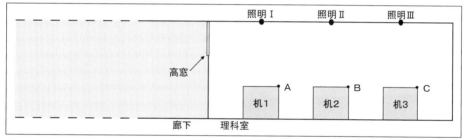

問1　点Bにおいて、3つの照明から出て反射せずに直接点Bに届くまでの光の道筋をそれぞれ作図しなさい。
問2　照明Ⅰ、Ⅱ、Ⅲの像ができる位置をそれぞれⅠ'、Ⅱ'、Ⅲ'として、見取り図に書き入れなさい。
問3　点Bにおいて高窓に映って見える全ての照明について、照明から出て点Bに届くまでの光の道筋を作図しなさい。また、【結果】のア～ウにあてはまる数を、それぞれ書きなさい。

図1　資質・能力を評価するペーパーテストの例

あなたは物質鑑定士！
〜なぞの物質の正体を解明しよう〜

1. 小単元「身の回りの物質とその性質」

2. 小単元で育成する資質・能力を踏まえた評価規準

知識・技能	思考・判断・表現	主体的に学習に取り組む態度
①身の回りの物質の性質や変化に着目しながら，身の回りの物質についての基本的な概念や原理・法則などを理解している。 ②科学的に探究するために必要な観察，実験などに関する基本操作や記録などの基本的な技能を身に付けている。	③物質のすがたについて，問題を見いだし見通しをもって観察，実験などを行い，物質の性質における規則性を見いだして表現しているなど，科学的に探究している。	④物質のすがたに関する事物・現象に進んで関わり，見通しをもち，科学的に探究しようとしている。

3. 小単元の指導計画 ○指導に生かす評価　◎指導に生かすとともに記録して総括に用いる評価

次	時	○◎評価規準 （評価方法）	・学習活動
第一次	1	○思考・判断・表現③ （ノート）	・謎の物質を見て，物質を区別する方法を考える。 ・物体と物質の違いについて理解し，物質を見分ける方法を考える。
	2	○知識・技能② （行動観察）	・金属の見分け方を踏まえ，金属と金属でないものを区別する実験を行う。
第二次	3	○知識・技能② （行動観察）	・密度を理解した上で，見た目では区別できない同じ物質（金属）同士を区別する実験を行う。
	4	◎思考・判断・表現③ （ノート）	・容器の中で2層になった水と油の中に，氷を入れるとどのようになるか，密度を踏まえて仮説を立て，実験を行って検証する。
第三次	5	◎知識・技能② （技能テスト・行動観察）	・見た目では区別できない粉末状の物質同士を区別する方法のひとつとしてガスバーナーで加熱するため，その操作を習得する。
	6	○思考・判断・表現③ （ノート）	・白い粉末を区別する実験計画を立案して，白い粉末を区別する。
	7	○主体的に学習に取り組む態度④ （振り返りシート）	・謎の物質を見て，単元で学習したことを振り返りながら，物質を推定する方法を再考する。

小単元における　指導と評価のポイント

❶ 正体が分からない物質を区別する科学的な探究の過程を通し、資質・能力の向上を図る

第一次では、金属と非金属の区別、第二次では、同じ金属同士での区別、第三次では、粉末状の物質の区別と、段階的に様々な物質を区別する方法を習得していく。探究への意欲を喚起するために、どの時間も正体が分からない物質を区別したり推定したりする場面を設定し、身に付けた知識及び技能を活用しながら課題解決に迫り、理科における資質・能力を育成できるように指導と評価を行っていく。

❷ 身の回りの物質の性質について、主体的に探究できるようにする

身の回りの物質を科学的に探究する学習活動において、学習前後の自分の考えを振り返る活動を通して自らの変容を実感したり、物質固有の性質や共通の性質について科学的に探究することの意義や面白さを実感したりできるように指導と評価の一体化を図っていく。

小単元における　学習の過程　　学習の過程における　指導と評価の一体化

未知の物質を推定するために習得した〔知識及び技能〕を活用しながら、科学的に探究する学習活動の充実を図る。

課題の設定〔知識及び技能〕の習得	未知の物質を推定するために習得する知識及び技能に見通しをもつ。

第一次 ❶ ❷
○見た目で区別できない物質をどのように見分けるか問うことで、本小単元の学習に見通しがもてるように指導する。また、自分が考えた区別する方法をノートに記録するよう指導し、小単元の学習の状況を自覚できるようにする。
○一人一人に金属を区別する一連の実験ができる場を設定し、行動観察等から評価するとともに、基本的な技能が身に付くよう指導する。

課題の追究〔知識及び技能〕の習得	物質を区別する〔知識及び技能〕を習得するために、金属の性質、密度、粉末状の物質を科学的に探究する。

第二次 ❶ ❷
○班で立案した実験計画で密度から金属を区別する場を設定し、行動観察等から評価するとともに、基本的な技能が身に付くよう指導する。
◎氷が水に浮き、油に沈む理由を、密度を踏まえて説明できるかを評価し、その後の指導に生かす。

課題の解決〔知識及び技能〕の習得、活用	身に付けた〔知識及び技能〕を活用し、謎の物質の正体を推定し、探究の過程を振り返る。

第三次 ❶ ❷
◎ガスバーナーの使い方に関するパフォーマンステストを1人ずつ行い、全員が習得できるまで指導する。
○実験の計画を立案する場面を設定し、行動観察等から計画の妥当性や安全面などを評価し、その後の指導に生かす。
○小単元のはじめに記述した物質を区別する方法を振り返り、検討改善する場面を設定し、学習前後の変容を自覚して本単元の学びを実感できるようにする。

目指す生徒像

身の回りの物質の性質や未知の物質について、問題を見いだし、身に付けた知識及び技能を活用しながら、物質固有の性質等を科学的に探究する有用性を実感し、自ら探究しようとする生徒。

小単元で目指す生徒像の育成に向けてのポイント

「生きて働く〔知識及び技能〕の習得」に向けて

　物質には、固有の性質と共通の性質があることや、未知の物質でもその性質に着目すると分類できることを理解するために、段階的に実験1〜4の実験を行い段階的に指導する。

 実験1 金属と非金属を区別　 実験2 密度で区別　 実験3 粉末状の物質を区別　 実験4 有機物と無機物を区別　→　未知の物質同定の知識

　観察、実験に関する基本的な技能を身に付けることができるように下記の点に留意する。

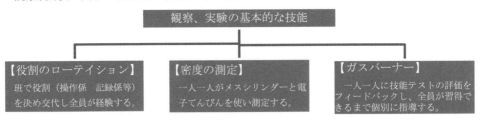

観察、実験の基本的な技能

【役割のローテイション】	【密度の測定】	【ガスバーナー】
班で役割（操作係　記録係等）を決め交代し全員が経験する。	一人一人がメスシリンダーと電子てんびんを使い測定する。	一人一人に技能テストの評価をフィードバックし、全員が習得できるまで個別に指導する。

「未知の状況にも対応できる〔思考力、判断力、表現力等〕の育成」に向けて

　物質には、固有と共通の性質があることを見いだせるよう、実験ごとに結果を全体で共有し、分析・解釈する場面を設ける。その際、結果を多面的、総合的に捉えて分析・解釈する「例)」のような場面を設定し、考察を検討・改善できるよう指導する。

　例) シャーペンの芯を「金属」と判断したことを検討・改善する場面。

　根拠を示して表現できるようにするため、2層に分かれた水と油の中に氷を入れるとどうなるか考え、その理由について密度を踏まえ説明する場面を設定する。

　「安全・確実・効率的」な実験を行うよう、思考ツールを用いて、計画を立案し、未知の状況に見通しをもって対応できる〔思考力、判断力、表現力等〕を育成していく。

「学びを人生や社会に生かそうとする〔学びに向かう力、人間性等〕の涵養に向けて

　物質の学習の導入として、見た目だけでは区別できない様々な固体の物質（表面を塗装した金属、白い粉末等）を扱い、物質に対する興味・関心を高める。その際、物質を見分けるためには様々な方法があることを理解し、必要な知識及び技能を段階的に身に付けていくことで、解決できるという見通しをもたせ、科学的に探究する力を高めていきたい。また、アルキメデスが密度を用いて金の王冠に混ぜ物があることを見破った話等を扱い、先哲の偉大さや科学的に探究することの価値や、理科を学ぶ意義を実感できるようにする。

　小単元末に、身に付けた知識を活用して物質の特性により引き起こる現象やそれを利用している身近な例に触れ、自分の理解の状況を振り返ったり、物質に対する自己の変容を実感したりできるようにし、学びに向かう力や人間性を涵養していきたい。

小単元で目指す生徒像の育成に向けた授業の例

「金属の見分け方をマスター！」　　　　　　　　（第1次　2時）」

【資質・能力の育成のポイント】　1つの実験結果だけではなく、複数の実験結果を分析・解釈し、検討・改善しながら、妥当な考えをつくりだす。

【課題】この物体の中で金属はどれか？

【実験】までの流れ
　金属を見分ける方法（共通の性質）を理解した上で、課題を基に予想し実験する。
〔金属を区別する方法〕
　電気伝導性、金属光沢の有無、展性※1等
〔物体〕消しゴム、ビーカー、スチール缶
　　　　シャーペンの芯、銀紙の銀の部分※2

【実験結果】

班	消しゴム 光沢	消しゴム 電気	ビーカー 光沢	ビーカー 電気	スチール缶 光沢	スチール缶 電気	シャーペンの芯 光沢	シャーペンの芯 電気	銀紙の銀の部分 光沢	銀紙の銀の部分 電気
1	×	×	×	×	○	○	×	○	○	○
2	×	×	×	×	○	○	×	○	○	○
3	×	×	×	×	○	○	×	○	○	○
4	×	×	×	×	○	×	×	○	○	○

【考察】

シャーペンの芯や銀紙の銀の部分は、どの班も電気を通したから金属かな…

再実験し、検討・改善してみましょう

スチール缶は磁石につくので金属だと思うけど電気を通してない班があるね

【検討・改善した考察】

シャーペンの芯は磨いても金属光沢はなく、叩くと折れたので金属ではないと考えます。

スチール缶は、塗装をはがして実験すると電気が通ったので金属だと考えます。

一部の結果だけでなく、全体の結果を見て、総合的に判断することが大切ですね。

※1　金床の上で釘や鉛をたたく　※2　銀の部分はアルミ、金紙はアルミに橙色塗布、アラザンの表面は銀

「白い粉の見分け方をマスター！」　　　　　　　（第3次　6時）」

【資質・能力の育成のポイント】　「物質の性質」と「効率」を踏まえて実験を計画し、「安全・確実・効率的」の視点から実験計画を検討・改善する。

【課題】5種類の白い粉の正体は何か？

【実験の計画】までの流れ
　5種類の白い粉の固有の性質を事前に実験等を行い、理解した上で、実験の計画を行う。
〔白い粉を見分ける方法〕見た目や手触り、リトマス紙の反応
　　　　　　　　　水に入れたときの様子、加熱したときの様子

〔5種類の白い粉※〕
食塩、グラニュー糖
クエン酸、デンプン
炭酸水素ナトリウム

※ラムネ菓子の材料

【実験を計画する】

まず、加熱すると食塩と炭酸水素ナトリウム以外は焦げるから…

次に、リトマス紙を使うと、食塩は…

できるだけ少ない回数で実験できるように、5種類の白い粉を樹形図（思考ツール）等に示しながら計画を立てましょう。

加熱 ┬ 焦げない ┬ 食塩
　　　│　　　　　└ 炭酸水素ナトリウム
　　　└ 焦げる … ┬ クエン酸
　　　　　　　　　├ デンプン
　　　　　　　　　└ 砂糖

樹形図の例（一部）

【実験計画を検討・改善する】

「安全・確実・効率的」の視点から、さらに実験計画を検討・改善してみましょう。

ガスバーナーで加熱する実験は、1回の方が安全で効率がよいので最後にします。

実験後は、計画した樹形図等にそって、順番に白い粉を判別した根拠を発表し、全体で共有する。

※参考文献　全国学力・学習状況調査の調査結果を踏まえた理科の学習指導の改善・充実に関する指導事例集事例B（H29.3）

小単元における資質・能力を評価するペーパーテストの例

(1) 資質・能力を評価し指導に生かす

　図1のペーパーテスト問1及び問2は、単元で身に付けた身の回りの物質についての基本的な概念や原理・法則や、それらの観察、実験などに関する基本的な技能の習得の状況を把握する。問3は、物質の性質を基に安全で効率的に区別する実験が計画できるか把握して評価し、その後の指導に生かすために作成した問題の例である。表1は各設問のポイントである。

(2)「知識・技能」について

　本小単元において「知識・技能」に関する問題を作成する際は、身の回りの物質を区別する際に必要となる金属の共通点や密度などの概念や原理・法則などの習得の状況を問うことが考えられる。

　また、本小単元で習得するガスバーナーやメスシリンダーなどの実験器具の操作を問うことで、身の回りの事象を科学的に探究する上で必要となる、基本的な技能が身に付いているか評価することができる。

(3)「思考・判断・表現」について

　本小単元において「思考・判断・表現」に関する問題を作成する際は、生徒が段階的に習得した物質についての知識及び技能を活用しながら、物質固有の性質を科学的に探究したり、未知の物質を推定したりできるような場面設定が大切である。

　その際、物質を推定する実験の条件制御や「安全・確実・効率的」の面から実験の計画を立て、複数の結果を多面的、総合的に分析・解釈して考察を検討・改善する場面の設定にも留意する。

　これにより、探究の過程における課題の追究や解決についての資質・能力を評価することができるとともに、指導の改善に生かすことができる。

表1　図1のペーパーテストにおける各設問のポイント

問1	小単元における「知識・技能」の評価規準に基づき、ガスバーナーに関する基本的な技能を身に付けているか評価する。 【正答の例】ウ　※ガスバーナーに点火する場合は、先にマッチに火をつけてからガス調節ねじだけを少しずつ開いて点火する。
問2	小単元における「思考・判断・表現」の評価規準に基づき、身に付けた知識及び技能を活用し、複数の結果を多面的、総合的に分析・解釈して未知の物質を推定できるか評価する。 【正答の例】A 食塩　B 炭酸水素ナトリウム　C クエン酸　D デンプン
問3	小単元における「思考・判断・表現」の評価規準に基づき、「安全・確実・効率的」の視点から物質を区別する実験を計画できるか評価する。 【正答の例】 　※例の場合は、2つの方法で全ての物質が同定できる。安全面からはガスバーナーの使用の頻度、確実さからは見た目や手ざわり以外の方法で行うことが考えられる。

○○さんは、見た目だけでは判別しにくい白い粉の分別について、科学的に探究して実験レポートにまとめました。次は、その一部です。あとの問いに答えなさい。

実験レポート

【課題】
　4種類の白い粉の正体は何か。

【4種類の白い粉とその性質】
食塩：水にとけやすく、加熱してもこげない。中性で、粒は立方体である。
炭酸水素ナトリウム：水にとけにくく、加熱してもこげない。アルカリ性で、粒は細かい。
クエン酸：水にとけやすく、加熱するとこげる。酸性で、粒が角張っている。
デンプン：水にとけにくく、加熱するとこげる。中性で、粒は細かい。図1

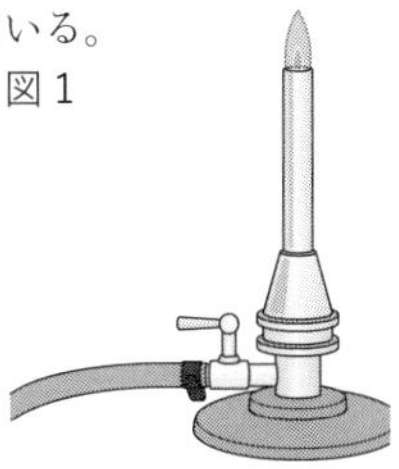

【実験】
　1　水に入れたときのようすを調べる。
　2　リトマス紙の反応を調べる。
　3　加熱したときのようすを調べる。
　4　見ためや手ざわりなどを調べる。

【結果】

	A	B	C	D
水に入れたようす	とけて透明になる	白くにごる	とけて透明になる	白くにごる
リトマス紙の反応	変化なし	赤⇒青	青⇒赤	変化なし
加熱したようす	変化なし	変化なし	こげる	こげる
見ためや手ざわり	ざらざら	さらさら	ざらざら	さらさら

【考察】
　教師：1つの実験結果だけでなく、複数の実験結果から考えると、A～Dの白い粉を区別する
　　　　ことができそうですね。
　生徒：はい。4つの実験結果から、Aが（　　　）、Bが（　　　）、Cが（　　　）、Dが
　　　　（　　　）であると考えられます。

問1　下のア～オは、図1のガスバーナーに点火するまでの手順を示しています。3番目にくる手順
　　　はどれですか。1つ選んで記号で書きなさい。
　　　　ア　元栓を開く　　　　　　　　イ　2つのねじがしまっているか確かめる
　　　　ウ　マッチに火をつける　　　　エ　ガス調節ねじを開く　　　オ　空気調節ねじを開く
問2　上の実験レポートのA～Dの（　　）に、それぞれあてはまる物質名を書きなさい。

実験レポートの続き

【実験計画の振り返り】
　教師：今回は、4種類の白い粉を区別するために、全ての粉を4つの実験方法で調べました
　　　　が、実験の手順をできるだけ少なくして、効率を高める方法がありますね。
　生徒：すべての実験を行わなくても判断できる物質があるということですか。
　教師：その通りです。「安全・確実」の視点から、実験計画を検討して、改善し、例）にな
　　　　らって樹形図で表してみましょう。

　　　　　　　例）
　　　　　　　　　　　　　　　　こげる　：ＣＤ
　　　　　　　　　　　　加熱
　　　　　　　　　　　　　　　　変化なし：ＡＢ

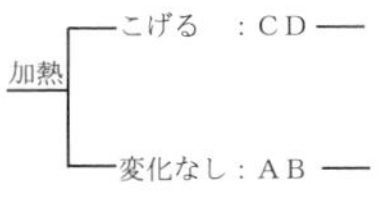

問3　上の下線部の「安全・確実」の視点から、実験の手順が少なく効率が高い実験計画を、例にな
　　　らって樹形図で表しなさい。

図1　資質・能力を評価するペーパーテストの例

無接点充電器で電流が発生する仕組みを探ろう

1. 小単元 「電磁誘導と発電」

2. 小単元で育成する資質・能力を踏まえた評価規準

知識・技能	思考・判断・表現	主体的に学習に取り組む態度
①電磁誘導と発電に関する事物・現象についての基本的な概念や原理・法則などを理解している。 ②科学的に探究するために必要な観察、実験などに関する基本操作や記録などの基本的な技能を身に付けている。	③身の回りの電磁誘導と発電に関する現象から問題を見いだし、見通しをもって観察、実験を行い、得られた結果を分析して解釈し、表現するなど、科学的に探究している。	④身の回りの電磁誘導と発電に関する事物・現象に進んで関わり、見通しをもって科学的に探究しようとしたり、身の回りの事物・現象に関連付けたりしようとしている。

3. 小単元の指導計画 ○指導に生かす評価 ◎指導に生かすとともに記録して総括に用いる評価

次	時	○◎評価規準 （評価方法）	・学習活動
第一次	1	○思考・判断・表現③ （行動の観察・ノート）	・無接点充電のモデルとして、電動歯ブラシの充電器の軸に導線をコイル状に巻きつけると電流が発生する現象（図1）について、これまで学習してきたことと比較して問題を見いだし、単元を通して取り組む課題を設定する。 図1 充電器で電流が発生 ・コイルと磁石の相互運動で誘導電流が得られること（電磁誘導）を調べる実験を行う。
第二次	2	○知識・技能① （レポート） ○知識・技能② （実技）	・電磁誘導において、コイルを貫く磁界の変化と誘導電流の大きさや向きの関係性や規則性について調べる実験を行う。
	3	○知識・技能① （レポート）	・直流と交流の違いを理解する。
第三次	4	◎思考・判断・表現③ （レポート） ○主体的に学習に取り組む態度④ （ノート）	・無接点充電のモデルとして、交流が流れるコイルの上に置かれたコイルに電流が発生する仕組み（図2）を、これまで学習してきたことを活用して説明し、課題を解決する。 電流が発生　交流 図2 無接点充電器のモデル ・探究の過程を振り返る。

※文部科学省国立教育政策研究所教育課程研究センター「全国学力・学習状況調査の調査結果を踏まえた理科の学習指導の改善・充実に関する指導事例集」中学校事例C「電磁誘導と発電」（平成29年3月）を参考にしている。

小単元における　指導と評価のポイント

❶ 課題解決の過程において資質・能力の育成を図る

本小単元では、身近な事物・現象に見いだした問題から課題「無接点充電の仕組みを説明しよう」を設定し、科学的に探究し解決する一連の過程を通して、理科における資質・能力を引き出すように指導と評価を行っていく。課題を解決できたかどうかだけではなく、解決の過程において、習得した〔知識及び技能〕を組み合わせて思考したり、考えを表現（パフォーマンス）したりすることの大切さを生徒が実感できるよう指導と評価の一体化を図る。

❷ 目的意識をもって主体的に学習に取り組む態度を引き出す。

本小単元では、科学的に探究する学習活動において、課題を解決するために必要な知識・技能を習得したり、習得した〔知識及び技能〕を活用して課題を解決したりする。生徒がそれぞれの学習活動に目的意識をもって主体的に取り組んだり、自らの成長や理科を学ぶ有用感を実感したりできるように指導と評価を行っていく。

小単元における　学習の過程　　学習の過程における　指導と評価の一体化

課題を解決するために〔知識及び技能〕を習得する、習得した〔知識及び技能〕を活用して課題を解決するという目的意識を生徒がもてるようにして、学習活動の充実を図る。

第一次 ❶
○事物・現象について、これまで学習してきたことと比較することで問題を見いだして課題を設定する場面や、課題の解決に必要な〔知識及び技能〕は何かを対話する場面を設定し、生徒が目的意識をもって主体的に探究できるようにする。

課題の設定
身近な電磁誘導に関する事物・現象に興味をもち、見いだした問題から課題を設定して科学的に探究する。

第二次 ❶
○電磁誘導の実験などを通して、探究に関わる〔知識及び技能〕を習得させる。行動の観察やノートの記録から生徒の状況を評価し、見いだした規則性を図式化して説明するなどの活動を通して、基本的な〔知識及び技能〕がしっかり身に付くよう指導する。

〔知識及び技能〕の習得
科学的に探究するために必要となる基本的な〔知識及び技能〕を習得する。

第三次 ❶ ❷
◎課題に正対した説明か、学習したことを使った説明かなどの評価規準を生徒に示し、〔思考力、判断力、表現力等〕を引き出す。
○課題に対する自らの考えや説明が妥当なものであったかを検討し、単元を通して学んだことをノートに記述させる。

課題の解決
習得した〔知識及び技能〕を活用して課題を解決する。また、探究の過程を振り返る。

目指す生徒像

未知の自然事象に問題を見いだして課題を設定し、身に付けた〔知識及び技能〕を活用して粘り強く探究し、理科を学ぶ有用性を実感しながら、新たな探究につなげていこうとする生徒。

小単元で目指す生徒像の育成に向けてのポイント

「生きて働く〔知識及び技能〕の習得」に向けて

　本小単元は、はじめに設定した課題を解決するために必要な〔知識及び技能〕を習得し、それらを活用して課題を解決する展開である。習得の場面で、「生きて働く〔知識及び技能〕」として習得するためには、生徒が課題の解決に必要であることを認識して学習に取り組むことが大切であると考える。そのための支援として、例えば、随時、小単元全体の流れを示して、その中での本時の位置を確認することで、小単元を貫く課題と本時の学習内容を区別できるようにすることが考えられる。また、習得の場面で生徒が十分に理解できるようにするため、生徒同士の対話的な学びを充実させたり、レポートなどから生徒の実態を把握して個別の指導を充実させたりすることが考えられる。

「未知の状況にも対応できる〔思考力、判断力、表現力等〕の育成」に向けて

　本小単元では、〔思考力、判断力、表現力等〕は、主に実験のレポートの作成と、課題の解決の場面で育成して、未知の状況にも対応できるような生徒になるよう指導に当たっていく。

　実験のレポートの作成では、対話的な学びや個別の指導を充実させ、コイルを貫く磁界の変化が誘導電流の大きさや向きと関係することを適切に表現できるようにしたい。

　課題の解決の場面では、習得した〔知識及び技能〕を活用して思考したり表現したりできるようにするため、充電器の中のコイルに流れる電流の向きや大きさが変化していることを捉えられるようにしたい。そのために、コイルに流れる電流について、「交流」と伝えるだけではなく、交流の1周期を4場面に分割して考えたり、1場面だけを取り上げて考えたりできるようにするなど、生徒の実態に合わせて工夫することが大切であると考える。

「学びを人生や社会に生かそうとする〔学びに向かう力、人間性等〕の涵養」に向けて

　本小単元を通して、習得した〔知識及び技能〕を活用して課題を解決できたことを実感することが、さらなる学びに向かう力を涵養することにつながると考える。そのためには、課題の解決への見通しをもつことと、学習過程を振り返ることが大切であると考える。

　生徒が課題の解決への見通しをもつためには、例えば、課題の設定の場面で、教師との対話を通して解決までの過程を考えることや、前述した小単元全体の流れを示す支援などが考えられる。

　課題解決への見通しをもって毎時間の授業を振り返ることで、粘り強い取組を行おうとしたり、小単元を貫く課題と本時の学習内容の関係を捉え、自らの学びを調整しようとしたりする側面を評価して指導に生かすことができると考える。例えば、教師からの朱書きなどで生徒を励ますことで、学びに向かう力の涵養につなげることができると考える。

小単元で目指す生徒像の育成に向けた授業の例

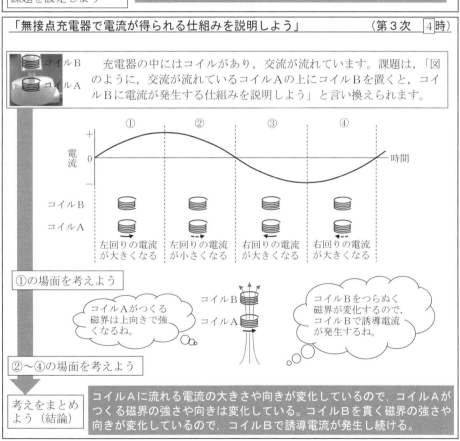

「無接点充電について，これまで学習してきたことと比較して問題を見いだし，単元を通して取り組む課題を設定しよう」　　　　　　　　　　　　　（第1次　1時）

無接点充電式の電気器具が充電される様子を観察しよう

充電器と導線でつながっていないのに，電動歯ブラシが充電されているぞ（LEDが点灯）。

導線をコイルにしてつないだ豆電球を無接点充電器で点灯させよう

充電器と導線がつながっていないのに，豆電球に電流が流れるぞ（点灯）。

電動歯ブラシの中にコイルがあるのではないかな。

単元を通して取り組む課題を設定しよう

課題「無接点充電器で電流が得られる仕組みを説明しよう」

「無接点充電器で電流が得られる仕組みを説明しよう」　　　　　　（第3次　4時）

コイルB
コイルA

充電器の中にはコイルがあり，交流が流れています。課題は，「図のように，交流が流れているコイルAの上にコイルBを置くと，コイルBに電流が発生する仕組みを説明しよう」と言い換えられます。

電流　　時間　　①　②　③　④

コイルB
コイルA

左回りの電流が大きくなる　左回りの電流が小さくなる　右回りの電流が大きくなる　右回りの電流が大きくなる

①の場面を考えよう

コイルAがつくる磁界は上向きで強くなるね。

コイルB
コイルA

コイルBをつらぬく磁界が変化するので，コイルBで誘導電流が発生するね。

②〜④の場面を考えよう

考えをまとめよう（結論）

コイルAに流れる電流の大きさや向きが変化しているので，コイルAがつくる磁界の強さや向きは変化している。コイルBを貫く磁界の強さや向きが変化しているので，コイルBで誘導電流が発生し続ける。

第1分野

2年

小単元における資質・能力を評価するペーパーテストの例

(1) 資質・能力を評価し指導に生かす

理科における資質・能力を育成するためには、日々の授業を通して科学的に探究する学習活動の充実を図るとともに、ペーパーテストにおいても、育成された資質・能力が生かされるようにして、それを適切に評価できる問題の作成が望まれる。

図1のペーパーテストは、本単元の学習で身に付けた〔知識及び技能〕の習得の状況、〔思考力、判断力、表現力等〕の育成の状況、科学的に探究する力の育成の状況などを評価し、その後の指導に生かすために作成した問題の例である。

(2) 科学的に探究する力を評価する

単元の学習では、無接点充電の仕組みについて探究し、習得した〔知識及び技能〕を活用して思考・判断・表現することで課題を解決した。そこで、本問題では、単元の探究とは異なる文脈として、「非接触型ICカード」を取り上げ、読みとり機に近付けるとカードの中のコイルに電流が発生する仕組みの探究において、モデル実験を行う場面を設定した。単元の探究では、コイルに交流を流すことで磁界を変化させるモデルを用いたが、本問題では、電磁石に電流を流したり流さなかったりすることで磁界を変化させる設定である。このように、単元の探究とは異なる文脈を設定することで、単元で習得した〔知識及び技能〕の活用を促し、科学的に探究する力を引き出して評価することができると考える。

各設問のポイントを表1に示す。例えば、問3は、示された実験の条件で電流が発生した理由を、単元で習得した〔知識及び技能〕を活用して表現することができるか評価することをねらいとしている。

(3) 指導に生かすならば

本問題で扱った実験は、短時間で行うことができる。そこで、ペーパーテストの実施後に、授業でこの実験を行って、結果を考察するなどして、さらなる指導に生かすことも考えられる。

また、非接触型ICカードは、生徒にとって身近なものであると思われる。この問題のように、理科の授業で学習している内容が生活の中で利用されていることを知ることは、主体的に学習に取り組む態度を涵養する上で大切であると考える。

本問題は、平成27年度全国学力・学習状況調査中学校理科⑤を参考に作成した。

表1 図1のペーパーテストにおける各設問のポイント

問1	単元における「知識・技能」の評価規準に基づき、電磁誘導についての基本的な概念や原理・法則などを身に付けているか評価する。 【正答の例】 ・磁石を速く動かす。 ・コイルの巻数を多くする。 ・磁力の大きい磁石に変える。
問2	単元における「思考・判断・表現」の評価規準に基づき、電磁誘導と発電に関する知識・技能を活用して、示された実験の条件での正しい検流計の針の動き方を判断できるか評価する。 【正答の例】 ウ
問3	単元における「思考・判断・表現」の評価規準に基づき、電磁誘導と発電に関する知識・技能を活用して、示された実験の条件で検流計の針が振れた理由を表現できるか評価する。 【正答の例】 コイルをつらぬく磁界(の向き・強さ)が変化する(しつづける)から。

　朱理さんは新聞を読んで、「電磁誘導を利用した技術」に関心をもち、実験を行いました。次の問題に答えなさい。

新聞記事の一部

| 暮らしの科学 | 電磁誘導を利用した技術 |

　鉄道などの乗車券や電子マネーに使われる「非接触型ICカード」は、電磁誘導が利用されています。カードの中に電池などの電源はありません。カードを読みとり機に近づけると、カードの中のコイルに電流が発生し、カードの中のICチップを作動させます。・・・・・・

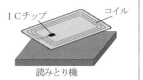

実験の方法と結果

【実験①】
　図アのように、コイルを「ICカード」に見立て、磁石を「読みとり機」に見立て、磁石を矢印のように動かし続ける。
【結果】
　検流計の針が左右に振れ続けた。

【実験②】
　図イのように、磁石を電磁石に置きかえ、電磁石を矢印のように動かし続ける。
【結果】
　検流計の針が左右に振れ続けた。

【実験③】
　図イの装置で、電磁石は動かさず、スイッチを切った状態からスイッチを入れ、入れたままにする。
【結果】
　検流計の針が　　A　　。

【実験④】
　図イの装置で、電磁石は動かさず、スイッチを入れたり切ったりし続ける。
【結果】
　検流計の針が左右に振れ続けた。

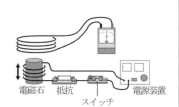

図ア　実験①

図イ　実験②、③、④

抵抗は、回路に大きな電流が流れないようにするために使う。

問1　【実験①】で、流れる電流を大きくするにはどうしたらよいですか。3通りの方法を書きなさい。
問2　【実験③】の【結果】の　A　に当てはまる正しいものを、下のアからエまでの中から1つ選びなさい。
　　　ア　左右に振れ続けた　　　　　　イ　右に振れたまま止まった
　　　ウ　右に振れた後、0を指し続けた　エ　振れなかった
問3　【実験④】で、検流計の針が振れ続けた理由を書きなさい。

図1　資質・能力を評価するペーパーテストの例

粒子のモデルで化学変化を表すと見えてくる世界
～見えないものを可視化して、身近な物質の化学変化を考える～

1. 単元 「化学変化」　※第4次（ウ化学変化と熱）は省略

2. 単元で育成する資質・能力を踏まえた評価規準

知識・技能	思考・判断・表現	主体的に学習に取り組む態度
①化学変化を原子や分子のモデルと関連付けながら、化学変化、化学変化における酸化と還元、化学変化と熱についての基本的な概念や原理・法則などを理解しているとともに、科学的に探究するために必要な観察、実験などに関する基本操作や記録などの基本的な技能を身に付けている。	②化学変化について、見通しをもって解決する方法を立案して観察、実験などを行い、原子や分子と関連付けてその結果を分析して解釈し、化学変化における物質の変化を見いだして表現しているなど、科学的に探究している。	③化学変化に関する事物・現象に進んで関わり、見通しをもったり振り返ったりするなど、科学的に探究しようとしている。

3. 単元の指導計画　○指導に生かす評価　◎指導に生かすとともに記録して総括に用いる評価

次	時	○◎評価規準 （評価方法）	・学習活動
第一次	1	○思考・判断・表現② （行動の観察：発表　記述の分析：カード・ノート）	・有機物の燃焼実験を行い、反応前後で性質の違いを比較し、燃焼には酸素が結び付くことを見いだす。
	2	◎知識・技能① （記述の分析：ノート・レポート）	・前時に行った燃焼の化学変化を、原子や分子のモデルで表す。
	3	○思考・判断・表現② （行動の観察：発表　記述の分析：カード・ノート）	・スチールウールを燃焼させる実験を行い、鉄が酸素と結び付いて、別の物質が生成していることを見いだす。
	4	◎思考・判断・表現② （行動の観察：発表　記述の分析：カード・ノート）	・有機物の燃焼と金属の酸化を比較し、酸素が関係していることを見いだしてモデルを使って表す。 ・酸化銅から酸素を取り除く方法を人類がたき火の後に青銅ができることを発見したエピソードから予想し、還元の実験を立案する。
第二次	5	○知識・技能① （記述の分析：ノート・レポート）	・酸化銅と炭素の混合物を加熱する実験を行い、酸化銅から酸素が取り除かれて二酸化炭素が発生し、銅が試験管に残ることを見いだす。
	6	◎思考・判断・表現② （行動の観察：発表　記述の分析・カード・ノート）	・酸化銅の還元を、原子や分子のモデルで表した後、原子や分子が過不足なく組み合わさった化学反応式で表す。
第三次	7	◎主体的に学習に取り組む態度③ （行動の観察：説明・発表など）	・二酸化炭素中でマグネシウムリボンが燃焼し、黒色の物質が生成する現象を、うまく説明できるように原子や分子のモデルを用いて考察する。 ・酸化物から酸素を取り除くことができる身近な物質がないか考え、砂糖やエタノールを使って熱した銅線が還元できることを確かめる。

単元における　指導と評価のポイント

❶ 化学変化を粒子に着目して考え表現する

物質や化学変化を粒子で考え表現することで、実験で得られた化学変化の目に見えない部分を考えることができ、化学反応式の作成までできるようになる。そして、未知の化学変化に出会ったときも、化学式や化学反応式を使って考えたり、結果を予想したりすることができるように指導と評価を行っていく。

❷ 仮説を立てて実験を行い、主体的に学習に取り組む態度を引き出す

実験をする前には、目的意識をもって実験に取り組めるようにしたい。そのためにも根拠のある仮説を立てて、実験の結果がどのようになれば仮説が成り立つかを意識させながら実験を行う。このようにすることで、実験結果からどのような化学変化が起きたのかを考える際も、筋道を立てて考察でき、2つの考えが出たときも、実験中の観察から結論を1つに絞ることができる。このように仮説を立てて、常に目的意識をもって実験できるようにすれば、たとえ予想通りの結果にならなくても、その原因を考えたり、試行錯誤しながら解決策を導いたりすることができるようになる。

単元における　学習の過程　　学習の過程における　指導と評価の一体化

理科における資質・能力を育成するために、単元を通して粒子に着目して考え、原子と分子のモデルと関連付けながら科学的に探究する学習活動の充実を図る。

〔知識及び技能〕の習得
科学的に探究するために必要な基本的な〔知識及び技能〕を習得する。

〔知識及び技能〕の習得
習得した〔知識及び技能〕を活用して、酸化物から酸素を取り除く方法を予想し、科学的に探究する。

〔知識及び技能〕の活用
身に付けた知識を活用して、新たな自然の事物・現象について考え説明する。

目指す生徒像

化学変化を粒子に着目して考えモデルで表現することで、仮説を立てながら化学変化の実験に取り組むことができ、未知の事象にも粒子の概念を使って考えたり表現したりできる生徒。

第一次 ❶
○有機物の燃焼と金属の酸化を比較することにより、化学変化を粒子のモデルで表現できるようにするための評価と指導を行う。

第二次 ❶❷
◎酸化銅から酸素を奪って銅を取り出せるか仮説を立ててから実験を行う。二酸化炭素の発生を予想したならば、それを確かめるために石灰水を用意する必要があることを助言したり、銅ができることを確かめるために色の変化に着目できるように指導したりする。結果を考察する際、粒子のモデルで表現して話合いをするように促す。

第三次 ❶❷
◎身に付けた知識を活用して、自然の事物・現象を説明しようとするなど、主体的に探究に取り組む態度を育成するとともに評価する。

単元で目指す生徒像の育成に向けてのポイント

「生きて働く〔知識及び技能〕の習得」に向けて

　　酸化銀の熱分解などの実験を行い、原子の性質（それ以上分解したり新しくできたり消えたりしないこと、種類によって大きさや質量が決まっていること）を基に、化学変化を原子や分子のモデルを使って表すことによって、反応の前後において原子の種類や数が同じであり、組み替えが起きていることを見いだすようにする。また、その理解を基に、化学変化を「物質名で表す→モデルで表す→左辺と右辺の原子・分子の数を合わせる」のプロセスで考え、最後に化学式に係数をつけるという化学反応式を作る手順を身に付けるようにする。また、未知の化学変化でも分子や原子のモデルを使って化学反応式で考えると、結果が予想できることを知ることで、身に付けた化学変化に関する〔知識及び技能〕を活用して、様々な事物・現象に生かすことができるようにする。

「未知の状況にも対応できる〔思考力、判断力、表現力等〕の育成」に向けて

　　第三次で探究する「二酸化炭素中のマグネシウムの燃焼」は、生徒にとって不可解で未知なる状況であり、探究心を高める事象である。第二次までに身に付けた化学変化に関する〔知識及び技能〕を活用し、小集団での対話を通して自分の考えを高めることによって解決可能な課題である。この科学的な探究を通して、化学変化を学ぶことの意義や有用性を実感するとともに、未知の状況にも対応できる〔思考力、判断力、表現力等〕を育成する。

「学びを人生や社会に生かそうとする〔学びに向かう力、人間性等〕の涵養」に向けて

　　化学変化の発展は、錬金術にまで遡ることができる。また、古代文明の起こりは、金属の発見とも密接に結び付いている。例えば還元について科学的な知識と歴史に関する知識とを関連付けて単元や授業を構成することで、理科の学びが社会や日常生活と関連していることに気付き、深い学びが展開できるものと考える。そして、人類の金属の発見の順は酸素との結び付きの弱い順であることに気付いたり、反対に未来に目を向けて、SDGsの観点から、脱炭素社会を実現させるためにはどのような開発が必要かを考えたりする探究的な学習活動を展開することが重要である。

　　このような学習活動を通して、解決の道筋がすぐには明らかにならない課題や、唯一の正解が存在しない課題に対して納得解や最適解を見いだすことができるようにしたい。

単元で目指す生徒像の育成に向けた授業の例

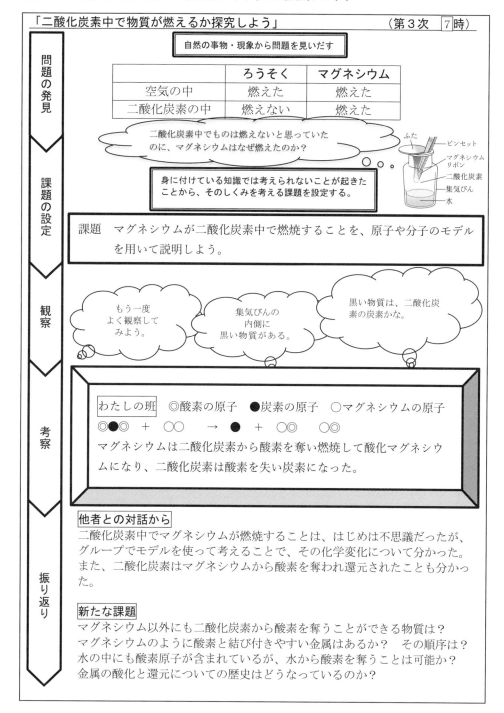

「二酸化炭素中で物質が燃えるか探究しよう」　（第３次 7時）

問題の発見

自然の事物・現象から問題を見いだす

	ろうそく	マグネシウム
空気の中	燃えた	燃えた
二酸化炭素の中	燃えない	燃えた

二酸化炭素中でものは燃えないと思っていたのに、マグネシウムはなぜ燃えたのか？

課題の設定

身に付けている知識では考えられないことが起きたことから、そのしくみを考える課題を設定する。

課題　マグネシウムが二酸化炭素中で燃焼することを、原子や分子のモデルを用いて説明しよう。

観察

もう一度よく観察してみよう。

集気びんの内側に黒い物質がある。

黒い物質は、二酸化炭素の炭素かな。

考察

わたしの班　◎酸素の原子　●炭素の原子　○マグネシウムの原子

◎●◎　＋　○○　→　●　＋　○◎　○◎

マグネシウムは二酸化炭素から酸素を奪い燃焼して酸化マグネシウムになり、二酸化炭素は酸素を失い炭素になった。

振り返り

他者との対話から

二酸化炭素中でマグネシウムが燃焼することは、はじめは不思議だったが、グループでモデルを使って考えることで、その化学変化について分かった。また、二酸化炭素はマグネシウムから酸素を奪われ還元されたことも分かった。

新たな課題

マグネシウム以外にも二酸化炭素から酸素を奪うことができる物質は？
マグネシウムのように酸素と結び付きやすい金属はあるか？　その順序は？
水の中にも酸素原子が含まれているが、水から酸素を奪うことは可能か？
金属の酸化と還元についての歴史はどうなっているのか？

単元における資質・能力を評価するペーパーテストの例

(1) 資質・能力を評価し指導に生かす

図1のペーパーテストは、単元で身に付けた化学変化を粒子のモデルで考え表現するための基本的な〔知識及び技能〕の習得の状況と、〔思考力、判断力、表現力等〕の育成の状況を評価し、その後の指導に生かすために作成した問題の例である。各設問のポイントは表1に整理している。

(2) 「知識・技能」について

はじめに、原子や分子の化学式や用語を正しく理解しているかを問う。酸素をO_2、二酸化炭素をCO_2、水をH_2Oで表すことや、「燃焼」とは「光や熱を出しながら、酸素と結び付く化学変化が激しく進む現象」が正しく理解できているかを問う。

(3) 「思考・判断・表現」について

化学反応式を原子や分子のモデルを用い

て表すことで、未知の物質でも結果を導くことができたり、自然の事物・現象を根拠に基づいて説明できたりすることを通して、〔思考力、判断力、表現力等〕を問う。

また、粒子で考えることで、分子の数が分かれば反応でできる物質の分子数などが分かることも、この単元で経験する。

日常生活の場面で身に付けた知識を活用し、説明できるようになれば、理科を学習する有用性を実感できることにつながる。プロパンと炭の燃焼によって生成する物質の違いを考える過程で、化学反応式やモデルを使い、粒子の概念を生かしながら生成物を考えることができるかを問う。

金属の発見の歴史において、酸化と還元が密接に結び付いている。それらの資料と会話文において、理科で学んだことを生かすことができるかを問う。

表1　図1のペーパーテストにおける各設問のポイント

問1	単元における「知識・技能」の評価規準に基づき、酸素、二酸化炭素の化学式を正しく理解していることと、「燃焼」が「光や熱を出しながら、酸素と結び付く化学変化が激しく進む現象」だと理解しているかを評価する。 【正答の例】　①　O_2　②　CO_2
問2	単元における「思考・判断・表現」の評価規準に基づき、日常生活の事象について、単元で身に付けた知識を活用したり科学的な概念を使ったりして考えることができるか評価する。プロパンを燃焼させると二酸化炭素と水ができることから考える。炭（C）は燃焼すると「$C + O_2 \rightarrow CO_2$」となり、燃焼後に水ができないことを指摘し、プロパンの時と比べて、肉に水が付かないので表面がパリッと焼けることにつなげる。 【正答の例】 炭は燃焼すると「$C + O_2 \rightarrow CO_2$」となり、燃焼後にプロパンと違って水ができないから。
問3	単元における「思考・判断・表現」の評価規準に基づき、日常生活の事象について、単元で習得した知識を活用したり科学的な概念を使ったりして考えることができるか評価する。金属の発見の歴史は、金属の酸素との結びつきの弱さの順であることに気付くか評価する。 【正答の例】　①　オ　②　イ　③　エ　④　カ

　プロパンは天然ガスに含まれている気体です。主に燃料として用いられています。プロパンの分子は図のように、炭素原子3個と水素原子8個が結び付いたつくりをしています。また、プロパンの燃焼は酸素が十分にあるときには、主に二酸化炭素と水になります。

炭素原子

水素原子

問1　次は、酸素が十分にあるときのプロパンの燃焼における化学反応式です。各（　）の化学式を書きなさい。

$$C_3H_8 + 5 (\quad ① \quad) \rightarrow 3 (\quad ② \quad) + 4H_2O$$

問2　リカは焼肉をしたとき、「炭火で焼くと肉の表面がパリッと焼けておいしく焼けるんだ」と聞きました。炭（C）で焼くときとプロパン（C_3H_8）で焼くときとでは何が違うのでしょうか。炭とプロパンが燃焼する際の化学変化に着目して、その理由を書きなさい。

問3　リカは表1の歴史年表を見ながら、金や銀などの金属について先生と会話しています。各（　）に当てはまる言葉を下の語群から選びなさい。

表1

年代	出来事
紀元前3000年頃	金の発見・銀の発見
紀元前1600年頃	優れた青銅器が作られた（銅の発見）
紀元前400年頃	製鉄の技術で農業が発展した（鉄の発見）
⋮	⋮
19世紀	アルミニウムの発見

リカ：金（Au）と銀（Ag）は昔から人々に知られていたのですね。なぜですか？
先生：ほとんどの金属は長い年月の間、空気中の酸素にさらされて（　①　）の形で存在しています。ただし、金は酸素との結び付きが弱いので、金そのものの形で存在していました。
リカ：酸化銀は、加熱するだけで銀と酸素に分解しました。でも酸化銅や酸化鉄は炭素などと混ぜて加熱すると還元されて、金属として取り出すことができました。
先生：そのとおり。アルミニウムにいたっては、19世紀になってからやっと（　②　）する方法が見つかったから、それだけ（　③　）との結びつきが（　④　）という事がわかりますね。

選択肢の語群

ア．酸化　イ．還元　ウ．水素　エ．酸素　オ．酸化物　カ．強い　キ．弱い

図1　資質・能力を評価するペーパーテストの例

例⑤
第1分野
3年

あなたもガリレオ!?
～自由落下運動の規則性を探究しよう～

1. 単元 「運動の規則性」

2. 単元で育成する資質・能力を踏まえた評価規準

知識・技能	思考・判断・表現	主体的に学習に取り組む態度
①物体の運動に関する事物・現象についての基本的な概念や原理・法則などを理解している。 ②科学的に探究するために必要な観察、実験などに関する基本操作や記録などの基本的な技能を身に付けている。	③物体の運動に関する事物・現象から問題を見いだし、見通しをもって観察、実験などを行い、得られた結果を分析して解釈し、運動の規則性を見いだして表現するなど、科学的に探究している。	④物体の運動に関する事物・現象に進んで関わり、見通しをもって科学的に探究しようとしている。 ⑤探究の過程を振り返り、自らの学習状況を把握しながら、次の探究につなげようとしている。

3. 単元の指導計画　　○指導に生かす評価　◎指導に生かすとともに記録して総括に用いる評価

次	時	○◎評価規準 （評価方法）	・学習活動
第一次	①②③	○思考・判断・表現③ （行動の観察） ○知識・技能①② （行動の観察）	・タブレット端末とモーションショット（連続写真を自動合成するアプリケーション）を用いて、様々な物体の運動を観察し、運動の規則性について問題を見いだす。 ・記録タイマーの使い方、記録したテープの整理の仕方、速さの求め方など、運動の規則性を調べるための基本的な知識・技能を習得する。
第二次	③④⑤	◎知識・技能①② （行動の観察・ペーパーテスト） ◎思考・判断・表現③ （記述の内容） ○主体的に学習に取り組む態度④ （行動の観察）	・以下の台車の運動を記録タイマーで調べる。 （A）水平面上で力を加えないとき（等速直線運動をしているとき）。 （B）水平面上で一定の大きさの力を水平に加え続けたとき。 （C）斜面上を下っているとき（斜面の角度を変えて調べる）。 ・結果を基に、「時間と速さ」「時間と移動距離」の関係の規則性や、斜面の角度が90度のときに速さの変わり方が最大になることなどを見いだす。
第三次	⑥⑦⑧	◎思考・判断・表現③ （発言・記述の内容） ○主体的に学習に取り組む態度④⑤ （行動の観察・記述の内容）	・「校舎の4階（13.3m）からボールを落としたとき、地面に着くまでに何秒かかるか」という課題を設定する。 ・実験を行う場所や使用できる実験器具などを限定し、限られた条件の中で妥当な結論を導く方法を立案する。 ・計画に基づいて実験を行い、探究の成果をレポートにまとめて発表する。 ・実験から導いた結論を、自由落下運動の規則性や検証実験から導かれる理論値と比較し、探究の過程を振り返る。

単元における　指導と評価のポイント

❶ 身に付けた〔知識及び技能〕を活用することで資質・能力の向上を図る

第一次では、基本的な知識・技能が身に付くよう、一人一人の学習状況を評価しながら個に応じた指導を行う。第二次、第三次では、運動の規則性を科学的に探究する学習活動において、第一次で身に付けた知識及び技能の活用を促し、資質・能力の向上を図る。

❷ 問題の発見や振り返りを通して探究心や自己肯定感を引き出す

単元の導入では、様々な物体の運動を観察して問題を見いだし、見通しをもって主体的に探究に取り組むことができるようにする。第三次では、第二次で発見した規則性を基に新たな問題を見いだしたり、探究の過程を振り返ったりして、自らの成長や科学的な探究の意義や有用性を実感できるよう指導と評価の一体化を図る。

単元における　学習の過程

物体の運動の規則性について問題を見いだし、身に付けた〔知識及び技能〕を活用して、運動の規則性に関する事象を科学的に探究する。

| 〔知識及び技能〕の習得 | 単元の見通しをもち、基本的な〔知識及び技能〕を身に付ける。 |

| 〔知識及び技能〕の習得 | 身に付けた〔知識及び技能〕を活用して、運動の規則性を見いだす。 |

| さらなる探究 | 運動の規則性から、自由落下する物体の運動を科学的に探究する。 |

目指す生徒像

身に付けた知識及び技能を活用して未知の課題に挑み、自然事象から新たな原理や法則を見いだしていく探究の過程を楽しみながら、粘り強く探究し、資質・能力を向上しようとする生徒。

学習の過程における　指導と評価の一体化

第一次 ❶ ❷
○単元の導入において、運動の規則性について問題を見いだし、単元の見通しをもつ。また、運動の規則性を調べるための基本的な知識及び技能が身に付くよう、一人一人の学習状況を評価しながら個に応じた指導を行う。

第二次 ❶
◎運動の規則性を科学的に探究する学習活動において、第一次で身に付けた知識及び技能の活用を促すとともに、結果を比較したり、関連付けたりしながら運動の規則性を見いだし、〔思考力、判断力、表現力等〕を育成するとともに評価する。

第三次 ❶ ❷
◎見いだした規則性を基に新たな課題を設定して実験の計画を立案する活動や、結論の妥当性を検討して探究の過程を振り返る活動などを行い、〔思考力、判断力、表現力等〕や主体的に探究に取り組む態度を育成するとともに評価する。

第1分野

3年

単元で目指す生徒像の育成に向けてのポイント

「生きて働く〔知識及び技能〕の習得」に向けて

　本単元では、第一次で物体の運動の規則性を科学的に探究するための基本的な知識と技能を学び、その後の探究的な学習活動の中で繰り返し実践することにより、身に付けた〔知識及び技能〕の活用が促されるようにしている。

　〔知識及び技能〕の活用に当たっては、例えば、「測定の誤差ができるだけ小さくなるように実験の方法を工夫しているか」や、「得られた結果を整理する意味や目的を十分に理解して結果の表し方を工夫しているか」などを評価し、身に付けた〔知識及び技能〕を自在に活用できるように指導の改善を図っていく。また、物体の運動に関する基本的な法則についても、科学的に探究する学習活動を通して生徒自らが見いだし、実感を伴った理解を促すことによって、生きて働く知識として身に付くようにする。

「未知の状況にも対応できる〔思考力、判断力、表現力等〕の育成」に向けて

　本単元では、科学的に探究する学習活動の充実を図るため、第二次で水平面上や斜面上の台車の運動を探究し、見いだした運動の規則性を基に、第三次で新たな課題を設定して、探究がさらに深まるようにしている。

　科学的に探究する学習活動においては、単元で育成する資質・能力（評価規準）をあらかじめ生徒に示しておくとともに、例えば、物体の運動の様子を「比較」することで問題を見いだして課題を設定したり、運動の規則性を身近な物体の運動と「関連付けて」新たな課題の解決方法を考えたりするなど、「理科の見方・考え方」を働かせる場面を設定し、〔思考力、判断力、表現力等〕を育成する。

　生徒が主体的に探究に取り組むことができるように指導の改善を図り、未知の事象にも対応できる〔思考力、判断力、表現力等〕を育成していきたい。

「学びを人生や社会に生かそうとする〔学びに向かう力、人間性等〕の涵養」に向けて

　主体的な学びを促す手立てとして、本単元の第一次では、様々な物体の運動を観察して問題を見いだす活動を行い、第三次では、仲間と協働して新たな課題を解決する方法を考えたり、探究の過程を振り返ったりする活動を行う。こうした学習活動の中で、例えば、「課題を自分のこととして捉え、見通しをもって観察，実験を行うなど粘り強く探究しようとしている姿」や、「探究の過程を振り返って新たな問題を見いだそうとしている姿」など生徒のよい点や進歩の状況などを積極的に評価し、学習したことの意義や価値を実感できるようにすることで主体的に探究に取り組む態度を養っていく。

　学習状況に応じて課題の難易度を適切に調整するなど、指導と評価の一体化を図りつつ、生徒が自らの成長を実感したり、探究することの楽しさを経験したりすることができるように単元や授業を構想し実践することで、学びに向かう力を伸ばしていきたい。

単元で目指す生徒像の育成に向けた授業の例

「自由落下運動の規則性の探究」　　　　　　　　（第3次 6・7・8時）

課題

校舎の4階（13.3m）からボールを落としたとき、
地面に着くまでに何秒かかるか？

実験をする場所・・・教室の中

使用できる器具・・・ボール、記録タイマー、ストップウォッチ、定規

▶ 限られた条件の中で妥当な結論を導くにはどうしたらいいだろう？

実験の計画

ものが落ちるときの決まり
が分かれば、落下する時間
が予測できるかな？

斜面を下る台車の運動で
は、「時間と速さ」や
「時間と移動距離」の間
に規則性があったね。

記録タイマーを使って、ものが落ち
るときの決まりを調べてみよう！

実験　　　　　分析・解釈　　　　　発表

検証・振り返り

どんな規則性があるのだろう？
表やグラフにして考えてみよう！

➢ 自由落下運動の規則性から理論値を導く。
➢ 実際に4階からボールを落として検証する。

自らの成長や
探究の楽しさを実感

検討・改善

新たな問題の発見

● 自分たちの力で妥当な結論を導くことができた！
● どうしたらもっと誤差を小さくできるのだろう？
● 物体が落ちる速さは物体の重さによって変わる？

次の探究へ

第1分野

3年

単元における資質・能力を評価するペーパーテストの例

（1）資質・能力を評価し指導に生かす

図1のペーパーテストは、単元で身に付けた、物体の運動の規則性を科学的に探究するための基本的な知識及び技能の習得の状況と、思考力、判断力、表現力等の育成の状況を評価し、その後の指導に生かすために作成した問題の例である。表1は各設問のポイントである。

（2）「知識・技能」について

物体の運動の規則性を科学的に探究するための基本的な知識及び技能として、本単元では、記録タイマーのテープの整理の仕方や分析の仕方を学習する。これらの知識及び技能を評価するため、図1のペーパーテストでは、問題用紙とともに記録タイマーのテープを配付し、テープを整理して情報を読み取ってグラフを作成する問題を設定している。

ペーパーテストにこうした技能を取り入れることにより、基本的な〔知識及び技能〕の習得の状況を適切に把握して評価することができる。

配付するテープは、運動の規則性を明確に見いだすことができるように、誤差のないデータが打点されたものを準備するようにしたい。例えば、大きめの用紙にペンで誤差のないデータを打点し、印刷してテープ状に細長く裁断したものを記録タイマーのテープに見立てるなどが考えられる。

（3）「思考・判断・表現」について

問3では、単元や本時における「思考・判断・表現」の評価規準に基づき、結果を分析して解釈し、運動の規則性を見いだして表現することができるかを評価する問題を設定している。考え方や計算の過程を含めて問うことにより、〔思考力、判断力、表現力等〕の育成の状況を、段階的に評価することができる。

なお、本設問や本単元の第三次で設定した課題のように、発展的な学習内容（2乗に比例する関数や積分の考え方など）を扱う場合には、他教科との連携を図り，教科等横断的な視点から指導を行うなど、生徒の学習状況に応じた指導の工夫や、課題の難易度の調整などを行い、資質・能力のさらなる育成を図るようにしたい。

表1　図1のペーパーテストにおける各設問のポイント

問1	単元や本時における「知識・技能」の評価規準に基づき、記録タイマーのテープを適切に整理することができるか評価する。 【正答の条件】5打点ごとにテープを切り、10本のテープを、下端をそろえて左から順にすきまなく貼り付けている。図1に正答の例を示している。
問2	単元や本時における「知識・技能」の評価規準に基づき、記録タイマーのテープから単位時間当たりの「速さ」と「移動距離」を読み取って、グラフを作成することができるか評価する。 【正答の条件】グラフの縦軸に適切に目盛りを振っている。「時間と速さ」は比例のグラフをかき、「時間と移動距離」は放物線のグラフをかいている。図1に正答の例を示している。
問3	単元や本時における「思考・判断・表現」の評価規準に基づき、結果を分析して解釈し、運動の規則性を見いだして表現することができるか評価する。 【正答の条件】考え方や計算の過程が正しく示され、妥当な結論が導かれている。なお、テープやグラフを読み取る際の誤差などを考慮して、正答（数値）には幅をもたせる。

右の図のように、なめらかな斜面上に台車をのせて静かに手をはなし、1秒間に50回打点する記録タイマーを用いて台車の運動のようすを記録しました。問題用紙とともに配付したテープには、その結果が記録されています。以下の問いに答えなさい。

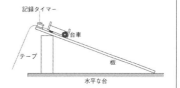

問1　配付したテープを最初の打点から0.1秒間ごとに切り、1.0秒後の打点まで10本のテープを、授業で学んだテープの整理のしかたにしたがって貼りなさい。

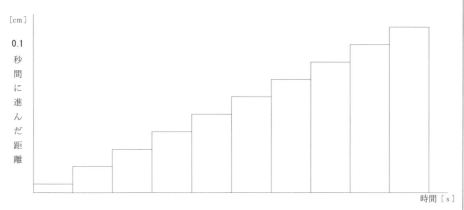

問2　テープの結果をもとに、台車の運動について「時間と速さ」の関係と「時間と移動距離」の関係を表すグラフをそれぞれ書きなさい。グラフのたて軸には、適切な目盛りになるように数字をかきなさい。

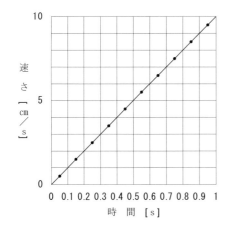

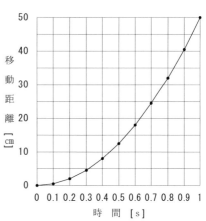

問3　台車が斜面を下り始めてから5.0秒後の台車の速さ〔cm/s〕と移動距離〔cm〕を、考え方や計算の過程をふくめてそれぞれ答えなさい。なお、斜面はまっすぐに長く伸びていて、摩擦や空気の抵抗は無視できるものとします。

図1　資質・能力を評価するペーパーテストの例
　　　（※問1、問2は正答の例を示している）

例⑥ 第1分野 3年 電極に惹かれる粒子の秘密

1. 小単元「原子の成り立ちとイオン」（電解質水溶液の電気分解）

2. 小単元で育成する資質・能力を踏まえた評価規準

知識・技能	思考・判断・表現	主体的に学習に取り組む態度
①電解質水溶液に電流を流すと、陽極と陰極でそれぞれ決まった物質が生成することに気付き、イオンの存在やその生成が原子の成り立ちに関係することを理解している。 ②科学的に探究するために必要な観察、実験などに関する基本操作や記録などの基本的な技能を身に付けている。	③電解質水溶液に電流を流す実験について、見通しをもって観察、実験などを行い、イオンと関連付けてその結果を分析して解釈し、化学変化における規則性や関係性を見いだして表現しているとともに、科学的に探究している。	④電解質水溶液の電気分解やイオンに関する事物・現象に進んで関わり、見通しをもって科学的に探究しようとしている。 ⑤習得した知識及び技能を活用して、電解質水溶液の電気分解について、電極と水溶液中のイオンとを関係付け、課題を解決しようとしている。

3. 小単元の指導計画　○指導に生かす評価　◎指導に生かすとともに記録して総括に用いる評価

次	時	○◎評価規準（評価方法）	・学習活動
第一次	1	○思考・判断・表現③ （行動の観察・ノート）	・水溶液に電流を流し、学習の見通しをもって電気を通す水溶液と通さない水溶液に分類する活動を通して、電気を通す水溶液では、電極で化学変化が起こることに気付く。
	2 3	○知識・技能② （行動の観察・発表・ノート）	・塩化銅水溶液やうすい塩酸に電流を流したときに生成する物質を予想し、適切な方法を用いて調べる。
	4	◎知識・技能①② （行動の観察・発表・ノート）	・実験結果をノートに整理してまとめるとともに、電気を帯びた粒子が存在することを説明する。
第二次	5	○知識・技能① （行動の観察・発表・ノート）	・原子の構造について知り、イオンができる仕組みについて理解するとともに、原子には、陽イオンになりやすいものと陰イオンになりやすいものとがあることを知る。
	6 7	◎思考・判断・表現③ （説明・発表・記述の分析・ノート）	・電解質の水溶液に電流が流れる仕組みついて、原子や分子のモデルを用いて説明する。 ・電流が流れる仕組みについて説明した後に、どのような理科の見方・考え方を働かせたのか、該当箇所に下線を引きながら、理科の見方・考え方カードを貼っていく。
第三次	8	○思考・判断・表現③ （説明・発表・記述の分析・ノート）	・塩化ナトリウム水溶液に電流を流したとき起こる変化について、習得した知識及び技能を活用して解決の方法を立案し、立案に基づいて実験を計画する。
	9	○主体的に学習に取り組む態度④ （行動の観察・説明・ノート）	・起こった変化について予想と結果を比較して考察を行うとともに、イオンと関連付けながら結果を分析して解釈し、電気分解における規則性や関係性を見いだして表現する。 ・探究の過程や導いた結論が妥当なものであったかを検討するとともに、理科の見方・考え方カードを該当箇所に貼ることで、自らが働かせた理科の見方・考え方に気付く。

小単元における　指導と評価のポイント

❶ 科学的に探究し解決する一連の過程から、資質・能力の育成を図る

第一次では、様々な電解質水溶液に電流を流す実験を行い、これまでに習得した知識及び技能を活用しながら、生成する物質を推測できるようにする。また、陽極と陰極に決まった物質が生成することに着目させ、化学変化とイオンに関する知識及び技能の習得を図る。第二次では、見通しをもって観察、実験を行い、イオンと関連付けて結果を分析して解釈することで、第一次で習得した〔知識及び技能〕を活用しながら、思考、判断、表現できるようにする。第三次では、得られた結果から化学変化における規則性や関係性を見いだして表現させるとともに、探究の過程を振り返り、その妥当性を検討できるようにする。このような科学的に探究し解決する一連の過程を通して、理科における資質・能力を育成できるように指導と評価を行っていく。

❷ 「理科の見方・考え方カード」を用いた理科の見方・考え方の意識化

探究の過程や導いた結論が妥当なものであったかを検討する際に、生徒自身が探究の過程を振り返りながら理科の見方・考え方を働かせた箇所に下線を引き、「理科の見方・考え方カード」を貼り付けていく。これにより、自然と働かせた「理科の見方・考え方」を意識化することになり、習得した知識が相互につながることで、より科学的な概念を形成することに向かうことができるようにする。

第1分野

3年

小単元における　学習の過程

学習の過程における　指導と評価の一体化

本単元の各次（つぐ）において、以下の探究1～3の過程からなる科学的な探究を行う。

| 探究1 | 化学変化やイオンに興味をもち、見通しをもって科学的に探究できるようにする。 |

| 探究2 | 科学的に探究するために必要となる基本的な〔知識及び技能〕を習得する。 |

| 探究3 | 化学変化とイオンを関連付けて考察するとともに、探究の過程を振り返り、その妥当性を検討する。 |

第一次 ❶
○電極をつなぎ変えると生成する物質が変わったり、陽極と陰極でそれぞれ決まった物質が生成したりすることに気付くことで、イオン概念を形成して、化学変化とイオンに関する〔知識及び技能〕が身に付くよう指導する。

第二次 ❶❷
◎第一次で習得した〔知識及び技能〕の活用を促すとともに、陽極と陰極でそれぞれ決まった物質が生成することを分析して解釈して、規則性や関係性を表現できるようにする。

第三次 ❶❷
◎見通しをもって実験を行い、導いた結論の妥当性を検討して探究の過程を振り返る。また、習得した〔知識及び技能〕を活用することによって、新たな視点で電気分解を捉え、よりよく学ぼうとするなど主体的に学習に取り組んでいけるように指導する。

目指す生徒像

習得している知識を活用しても説明できない事象に問題を見いだして課題を設定し、〔知識及び技能〕を活用し、科学的に探究することの面白さや有用性を実感しながら、新たな探究につなげていこうとする生徒。

小単元で目指す生徒像の育成に向けてのポイント

「生きて働く〔知識及び技能〕の習得」に向けて

　粒子の概念や物質を調べる方法など、これまで習得した内容を振り返るとともに、その内容が相互に関連付けられるように学習を進めていくことが大切である。例えば、現象を捉えやすい電解質の水溶液である塩化銅水溶液に電気を流す実験を行う。その際、水の電気分解の学習を振り返ることで、名称や化学式から生成する物質を予想したり、生成する物質の性質から適切な方法を用いて調べたりすることができるようにしたい。

　この小単元は、陽極や陰極に決まった物質が生成することに着目させることで、電解質の水溶液中には電気を帯びた粒子が存在することを理解させ、イオンの概念を形成できるようにする。そのため、電極をつなぎ変えると生成する物質も変わることを確かめるなど、電気分解の規則性に気付くことができるような指導が大切である。

「未知の状況にも対応できる〔思考力、判断力、表現力等〕の育成」に向けて

　化学変化は視覚的に捉えることができない。そこで、微視的な視点で事象を捉えたりするなど、理科の見方・考え方を働かせながら観察や実験を行っていくことが大切である。

　例えば、塩化銅水溶液に電流を流す実験の後に、塩化物イオンが共通して含まれるうすい塩酸に電流を流す実験を行うことで、塩素は陽極から発生することを予想することができ、見通しをもって取り組むことができる。また、塩素は陽極から生成するという結果を分析・解釈する活動を通して、電気分解における規則性や関係性について原子や分子のモデルの動きで表現するなどの考え方が必要になる。

　このように、理科の見方・考え方を働かせて結果を分析・解釈することで、視覚的に現象を捉えながら考察するとともに、予想を確かめるための計画を立案し、どのような結果が得られるのか見通しをもって観察や実験に取り組むことができる生徒の育成を目指したい。

「学びを人生や社会に生かそうとする〔学びに向かう力、人間性等〕の涵養」に向けて

　身に付けている知識を活用しても説明できない事象に出会うと、なぜそのような事象が生じたのか解決したくなるところに理科の面白さがある。そして、どのようにすれば解決できるのか、その過程を考え、見通しをもって取り組む必要性に気付かせたい。そこで、現象を捉えやすい電解質の水溶液である塩化銅水溶液やうすい塩酸に電気を流す実験を行った後に、塩化ナトリウム水溶液に電気を流す実験を行う。これにより、生徒は、生成する物質が名称や化学式だけでは予想できないことや溶質だけでなく溶媒にも着目する必要があること、水溶液中に複数の陽イオンの存在する場合はイオンへのなりやすさに違いがあるのではないかという新たな疑問をもつことができる。

　このように、身に付けた〔知識及び技能〕を活用して思考、判断、表現したり、探究の過程を振り返り、その妥当性を検討したりすることにより新たな発見や疑問を生じさせたりすることで、新たな探究に向かうような生徒の育成を目指したい。

小単元で目指す生徒像の育成に向けた授業の例

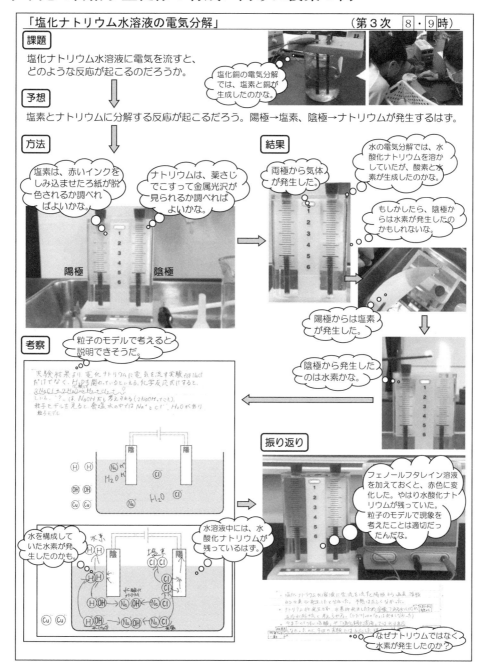

第1分野

3年

小単元における資質・能力を評価するペーパーテストの例

（1）資質・能力を評価し指導に生かす

　図1のペーパーテストは、小単元「原子の成り立ちとイオン」で身に付けた〔知識及び技能〕やイオンに関する概念の形成の状況と、科学的に探究する力の育成の状況とを評価し、その後の指導に生かすための問題の例である。また、表1は各設問のポイントである。

　ペーパーテストを作成する際は、ペーパーテストで評価できる資質・能力を十分に検討する必要がある。

（2）「知識・技能」について

　「知識・技能」における評価は、学習の過程を通して身に付けた〔知識及び技能〕の習得状況について行う。ただし、科学的な概念の形成や原理・法則などの理解だけでなく、他の〔知識及び技能〕と関連付けたり、生きて働くものとして身に付けたりしているかどうかを適切に評価できる問題であることが大切である。

　そこで、複数の電解質水溶液の電気分解を扱った問題解決の場面を設定し、得られた実験結果から発生した物質を特定できるようにする。

　これより、複数の電解質水溶液に共通して含まれる物質に着目させることで、イオンの存在やイオンの生成が原子の成り立ちに関係していることを評価できるようにする。

（3）「思考・判断・表現」について

　身に付けた〔知識及び技能〕を活用して課題を解決するために必要な〔思考力、判断力、表現力等〕の育成の状況の評価を行う。そして、身に付けた〔知識及び技能〕を活用したり科学的な概念を使ったりして、身の回りの事象や実生活における新たな場面や未知の状況にも対応できるものとして育成されているかどうかを適切に評価できる問題であることが大切である。

　そこで、生徒が既知の電解質水溶液の電気分解を通して学習してきたことや結果を分析して解釈することにより、未知の電解質水溶液の電気分解における規則性や関係性を見いだして考えられる問題になるよう留意する。

　これより、未知の状況にも対応するために身に付けた〔知識及び技能〕を活用できるかを評価することができる。

表1　図1のペーパーテストにおける各設問のポイント

問1	単元における「思考・判断・表現」の評価規準に基づき、溶質からどのような物質が生成するのかどうか推測できるかを評価する。 【正答の例】　塩化鉄水溶液、塩化亜鉛水溶液、塩化カリウム水溶液
問2	単元における「知識・技能」の評価規準に基づき、物質が水に溶けて電離するようすを化学式やイオン式を用いて表すことができるかを評価する。 【正答の例】　$FeCl_2 \rightarrow Fe^{2+} + 2Cl^-$
問3	単元における「思考・判断・表現」の評価規準に基づき、観察・実験に関する知識及び技能を活用して、課題を解決するための実験の計画を立案することができるかを評価する。 【正答の例】　電流を流す時間は変えずに、電流の大きさを1A、2A、3A にした場合について調べ、水溶液から取り出すことができた物質の質量を測定する。 【正答の条件】　どちらか一方の条件を変えずに、もう一方の条件を「段階的に」変えていること。

　理香さんは、電解質水溶液に電流を流すと分解をして別の物質が生成することを学びました。そこで、次の課題を設定し、科学的に探究して次のような観察・実験レポートにまとめました。

観察・実験レポート

【問題の発見】
　うすい塩酸や塩化銅水溶液の陽極と陰極でそれぞれ決まった物質ができたが、それ以外の水溶液でも成り立つのか疑問に思い、実験をして確かめることにした。

【課題】
　どのような水溶液でも、陽極と陰極ではそれぞれ発生する物質は決まっているのだろうか。

【実験】
　① 実験装置を組み立て、10 ％程度の塩化鉄水溶液を入れる。
　② 電圧を加え、それぞれの電極に発生した物質の性質を調べる。
　③ ①、②と同様の手順で、塩化亜鉛、水酸化カリウム、塩化カリウムの水溶液についても調べる。

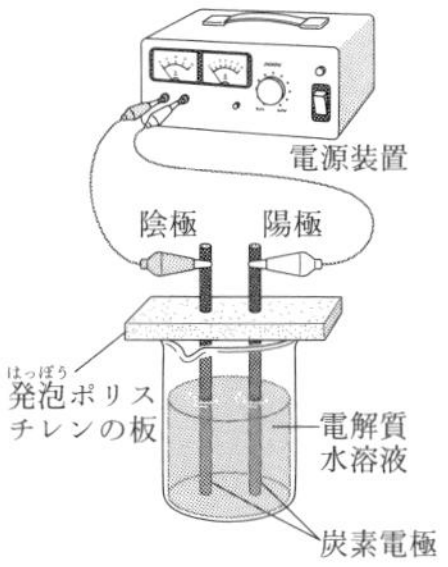

電源装置
陰極　　陽極
発泡ポリスチレンの板
電解質水溶液
炭素電極

【結果】

溶質	塩化鉄	塩化亜鉛	水酸化ナトリウム	塩化カリウム
陽極	気体が発生	気体が発生	気体が発生	気体が発生
陰極	固体が発生	固体が発生	気体が発生	気体が発生

考察の学習場面

理香：どの水溶液においても、陽極からはすべて気体が発生しました。それぞれの溶質に対して、陽極と陰極で決まった物質ができています。

先生：そうですね。塩化鉄の化学式を $FeCl_2$ とすると、塩化鉄が水に溶けて電離したときのようすについて、これまで学んだことを使って考えられないかな。

理香：ところで、実験に用いた水溶液中には多くの金属イオンが含まれており、そのままでは水道には流せないと聞いたことがあります。

先生：そのとおりです。電気分解によって水溶液から溶けている物質を取り出して処理をすることもあります。

理香：水溶液から溶けている物質をできるだけ多く取り出すためには、電流の大きさを大きくしたり、電流を流す時間を長くしたりすればよいのではないでしょうか？

先生：では、電流の大きさは最大で3A、電流を流す時間は最大で5分間という条件の中で、流れる電流の大きさや電流を流す時間との関係を調べるための実験の計画を立ててみましょう。

問1　4つの水溶液のうち、電流を流すと分解して陽極から塩素が発生したと考えられるものをすべて選びなさい。

問2　塩化鉄が水に溶けて電離したときの様子を、化学式とイオン式を用いて表しなさい。

問3　水溶液から取り出す物質の質量と、流れる電流の大きさや電流を流す時間との関係を調べるための実験の計画を立てなさい。

図1　資質・能力を評価するペーパーテストの例

「似たもの」探しがコツ！
目指せ植物エキスパート！

1. 小単元 「いろいろな生物とその共通点」（植物の分類）

2. 小単元で育成する資質・能力を踏まえた評価規準

知識・技能	思考・判断・表現	主体的に学習に取り組む態度
①植物の共通点と相違点に着目しながら、植物の特徴と分類の仕方の基本的な概念や原理・法則などを理解している。 ②科学的な探究をするために必要な観察、実験などに関する操作や記録などの基本的な技能を身に付けている。	③身近な植物の観察、実験などを通して、いろいろな植物の共通点や相違点を見いだしている。 ④植物の共通点や相違点をから、植物を分類するための観点や基準を見いだして表現するなど、科学的に探究している。	⑤植物の観察と分類の仕方に関する事物・現象に進んで関わり、見通しをもって科学的に探究しようとしている。 ⑥次の単元（動物の分類）や身の回りの生活においても、習得した知識・技能を活用しながら、生物の分類について科学的に探究しようとしている。

3. 小単元の指導計画 ○指導に生かす評価 ◎指導に生かすとともに記録して総括に用いる評価

次	時	○◎評価規準 （評価方法）	・学習活動
第一次	1	○思考・判断・表現③ （レポート）	・小学校で学んだ知識やこれまでの生活で体験したことを活用しながら、身近な植物の共通点や相違点を発見し、植物を分類するためにはどのような観点や基準を用いればよいのか見通しをもつ。
	2 3	○知識・技能② （実技） ○思考・判断・表現③ （レポート）	・いろいろな被子植物の花のつくりを観察し、共通するつくりや花によって異なるつくりを見いだすとともに、果実や種子に変化する部分を考える。
第二次	4 5 6	◎知識・技能① （レポート） ○思考・判断・表現④ （レポート） ○主体的に学習に取り組む態度⑤ （行動観察・ノート）	・被子植物の外部形態を観察し、共通するつくりを見いだしながら、さらにグループ分けする観点や基準を考える。 ・被子植物と裸子植物を比較し、それぞれの特徴を見いだすとともに、種子植物の共通点を考える。 ・被子植物や裸子植物の花のつくりの共通点に基づいて、未知なる花のつくりについて探究する。例えばタンポポやイチゴの花などが考えられる。
	7	○思考・判断・表現③ （レポート）	・種子をつくらない植物のからだのつくりを観察し、その特徴を見いだすとともに、種子植物との共通点や相違点を考える。
第三次	8 9	◎思考・判断・表現④ （レポート） ○主体的に学習に取り組む態度⑥ （行動観察・ノート）	・これまで学んだことを活用し、植物の共通点や相違点に基づいて、様々な植物を分類する。 ・分類した結果を分かりやすく説明するために、図表などを用いて自分なりに工夫しながら表現する。

小単元における　指導と評価のポイント

❶ メタ認知で自己の成長を自覚し「理科の見方・考え方」の深化を図る

単元を通して取り組む科学的な探究において、〔知識及び技能〕や〔思考力、判断力、表現力等〕の高まりを生徒が自覚できるようにする。また、「共通点と相違点」という見方・考え方が植物やその他の生物を観察する観点であることに気付き、見通しをもちながら探究の面白さを実感できるように指導と評価を行う。さらに、生徒のスケッチ図を理科室に掲示する等、学習の振り返りを共有しながら学習の深化を図る。

❷ 科学を学ぶ楽しさや有用性を実感し「習得した知識」等の体系化を図る

観察、実験や科学的な探究の場面において「今まで気付かなかったこと」に気付きながら学ぶ楽しさを積み重ねていくとともに、「習得した知識」を整理しながら実生活に当てはめていくことで有用性を実感できるようにする。また、次の単元においても習得した知識や見方・考え方が生かされることを実感できるように指導と評価を行う。

小単元における　学習の過程

〔知識及び技能〕を習得し見通しをもつ	科学的に探究するために必要な基本的な〔知識及び技能〕を習得し、学習の見通しをもつ。
見通しを基に課題を設定し探究する	身の回りの植物を観察する観点や分類の基準について、科学的に探究する。
学習を振り返り知識等を体系化する	習得した知識等を整理し、植物を分類する観点や基準を考察しながら、その分類について表現する。

次の小単元（小項目）を通して

前項目で学んだものを生かして学習を進める	学ぶ楽しさを感じ、身につけた「理科の見方・考え方」を新たな探究で生かす。

目指す生徒像

> 植物の体のつくりに興味・関心をもち、設定した課題を習得した〔知識及び技能〕を活用して粘り強く探究するなど、理科を学ぶことの面白さや有用性を実感し、新たな探究につなげていく生徒。

学習の過程における　指導と評価の一体化

第一次 ❶
○観察を通して探究に関わる基本的な〔知識及び技能〕を習得・活用していくことを生徒が自覚できるようし、「共通点と相違点」という見方・考え方を働かせながら見通しをもって主体的に探究できるように指導する。

第二次 ❶
○問題を見いだして課題を設定する場面をつくり、生徒が習得した〔知識及び技能〕を活用しながら、植物の分類の観点や基準について科学的に探究できるように指導と評価の一体化を図る。

第三次 ❷
○単元で学んだことを振り返ることで自己の成長を自覚するとともに、「探究の過程」や「理科の見方・考え方」を活用しながら新たな課題の発見や探究につながるよう指導と評価の一体化を図る。

第2分野

1年

小単元で目指す生徒像の育成に向けてのポイント

「生きて働く〔知識及び技能〕の習得」に向けて

　小単元を通して植物の観察を継続して行うことから、毎時間の学びの積み重ねを見える化するように工夫する。生徒自身が身に付けた〔知識及び技能〕を活用する場で、それらの有用感を生徒自身が実感することで、〔知識及び技能〕をさらに生かし、働かせながら主体的に学習を進めていくように工夫する。

　ルーペ等の操作方法、観察における視点やスケッチの技法などを生徒同士で教え合うこと、生徒のスケッチ図を参考例として理科室に掲示しながら〔知識及び技能〕の変容を自覚化させる取組などの実践が考えられる。身に付けた技能を掲示物等で見える化し、それらを様々な場面で振り返りながら、身に付けた〔知識及び技能〕を生かし働かせるような指導を行う。

「未知の状況にも対応できる〔思考力、判断力、表現力等〕の育成」に向けて

　本小単元は中学校における最初の単元になることも多いことから、身に付けた〔知識及び技能〕を活用して行う「科学的な探究」の土台作りと考えている。探究の過程を大事にし、課題や仮説の設定、結果や考察の在り方についても丁寧な指導が求められる。

　植物を観察する場面や分類する場面において「理科の見方・考え方」を強く意識し、それらを働かせながら事物・現象に向き合うことが科学的な探究に必要であることを気付くように指導していくことも大切である。これらの活動を繰り返すことで、「未知なるもの」に出会ったときも「見方・考え方」を意識できるようになり、見いだした問題から課題を設定し、科学的な探究の過程を踏まえて対応することができるようになっていく。

　また、多様な考えと出会うために「対話的な学び」を設け、他者と協力してより妥当な考えを導き出すことの重要さに気付くよう指導する。身に付けた〔知識及び技能〕を働かせて探究することの面白さに気付かせながら、次の小単元「動物の分類」の学習につなげていく。

「学びを人生や社会に生かそうとする〔学びに向かう力、人間性等〕の涵養」に向けて

　中学校に進学し、学習の難易度が一気に高まる中学校１年生だからこそ、理科において身に付けた〔知識及び技能〕や育まれた〔思考力、判断力、表現力等〕の有用性に生徒自身が実感し、科学を学ぶことの面白さや課題を解決していくことの意義に気付くように学習をすすめる必要がある。

　また、「見方・考え方」に基づき問題から課題を設定するときに「見通し」をもつこと、学習を「振り返り」ながら身に付けた〔知識及び技能〕を活用するよう促すことで、新たな探究への動機付けにつなげていくようにする。自己の成長や課題解決の過程で得たものをメタ認知し、「深い学び」につなげていく。そのためにも、生徒の学びの場である理科室の掲示物等の工夫が効果的である。生徒のレポートや学習した内容の活用例を紹介するように工夫する。

小単元で目指す生徒像の育成に向けた授業の例

「身の回りにある不思議な花の探究」　（第2次　6時）

> タンポポの花の中心には筒のようなものがたくさんあるけど、おしべやめしべは見当たらないよ。種子をつくる花の部分はどこだろう？

問題の発見・課題の設定

学習内容の把握

◆身の回りにあるいろいろな種類の花でも、これまで学んだ花と同じようなつくりがあるのか、実際に調べてみよう。

疑問の発見・課題の設定

◆校庭で見つけた不思議な花（タンポポ等）のつくりについて疑問をもち、課題を設定する。
【課題例】どの部分がタンポポの花なのだろうか。

見通しをもつ

> どうすればタンポポの花の部分が分かるかな？

> 比較して「共通点と相違点」を見いだそう

> これまでの学習を生かして解決できるかな？

観察

> タンポポの花の部分を細かく観察してみようよ。タンポポの花と、綿毛になったときの様子を比較するのもいいかもしれないね

分析　考察

> これまで学習した花のつくりの「共通点と相違点」をまとめてみよう

> 小さい筒のようなものがいっぱいあって、その一つ一つの中に、めしべや花粉がたくさんついたおしべのようなものがあるよ

> あれ？　綿毛の根元にある部分は種子なのかな？　果実なのかな？

> 小さい筒一つ一つが花なのかもしれないね

振り返り

次のような視点で学習を振り返り、科学的に探究する学習の面白さや意義に気付くことができるようにして「次の探究」につなげていく。

◆探究のそれぞれの過程がどのような効果をもつのか
◆「見方・考え方」をどのように働かせたか
◆「これまで学んだこと」をどのように生かせたか
◆グループのメンバーで話し合うことで何を得たのか
◆新たな発見や疑問などを見いだせたか、またその際にどのように感じたか
◆最後まで粘り強く探究できたか、なぜ粘り強く探究できたのか

第2分野

1年

小単元における資質・能力を評価するペーパーテストの例

(1) 資質・能力を評価し指導に生かす

図1は、小単元「いろいろな生物とその共通点（植物の分類）」で身に付けた資質・能力を引き出し、〔知識及び技能〕の習得状況と、「見方・考え方」を働かせた〔思考力、判断力、表現力等〕の育成状況を評価し、指導に生かすために作成した問題例である。表1は各設問のポイントである。

中学校1年生の単元であることから科学的な探究の過程や、習得した〔知識及び技能〕をどのように活用しているのかを評価することで、科学的に探究する学習活動の土台づくりに生かしていきたい。

(2) 「知識・技能」について

観察器具の適切な扱い方や観察記録の取り方は、科学的な探究の土台でもあるため、それらの技能の確実な定着を図る必要がある。また、科学的な探究の過程において見方・考え方を働かせることができるよ

うにすることが望まれる。

そこで、生物の分類の仕方に関する「知識・技能」の問題を作成する際は、実際に科学的な探究を行った学習の場面を振り返りながら、観察レポートの作成の仕方や探究の過程等の設問を設ける。

(3) 「思考・判断・表現」について

理科の見方・考え方を働かせながら見通しをもって観察することで、自然の事物・現象を科学的に探究することができ、〔思考力、判断力、表現力等〕の育成につながる。また、課題を解決する過程では、〔知識及び技能〕を適切に活用しながら、より妥当な考えにしていく〔思考力、判断力、表現力等〕も必要である。

そこで、身に付けた〔知識及び技能〕を、「見方・考え方」を働かせながら適切に整理し、活用することができる「思考・判断・表現」を評価する問題を作成する。

表1　図1のペーパーテストにおける各設問のポイント

問1	単元における「知識・技能」の評価規準に基づき、植物の花のつくりについて理解しているかを評価する。 【正答】　①　エ　②　ウ
問2	単元における「知識・技能」の評価規準に基づき、観察でのスケッチの描き方やスケッチの目的を理解しているかを評価する。 【正答】　適切な図「A」　理由例「理科の授業での観察スケッチは、観察物の形をより正確に表すことが目的なので、観察物の表面や形があいまいになる影を描かないため。」
問3	単元における「思考・判断・表現」の評価規準に基づき、科学的な探究の過程を理解しているかとともに、課題に対して論理的に思考・判断し、適切な考察を導けるかを評価する。 【正答例】　「（観察結果やインターネットの情報から）タンポポの綿毛の根元の中には種子があることから、タンポポの綿毛の根元は果実と考えられる。」
問4	単元における「思考・判断・表現」の評価規準に基づき、植物を分類するにはからだのつくりの共通点を確認することが必要であり、その具体例をあげることができるかを評価する。 【正答例】　確認すること「探し出した植物のからだのつくりに、<u>網目状の葉脈</u>という共通点があるかを確認する」　※二重下線部分は「主根や側根がある」等の双子葉類の特徴を当てはめる。なかまの名前「双子葉類」　※「種子植物」や「被子植物」も可だが、確認することもなかまの名前にあわせて変更する。

　花子さんは、理科の授業で学んだことから新たな疑問を抱き、タンポポについてさらに調べレポートにまとめました。次の問題に答えなさい。

観察レポート

【授業で観察したときの疑問】
　子房は果実に変化するから、タンポポの綿毛の根元にあるものは　①　で、その中に　②　があるのではないか。

【課題】
　タンポポの綿毛の根元にあるものは、何なのだろうか。

授業中にスケッチしたもの

スケッチ
X

タンポポの花　　綿毛に変化したとき

【仮説・観察の見通し】
　タンポポの花と綿毛に変化したときのスケッチを比較すると、綿毛の根元にあるものは、　①　と考えられる。
　それを確かめるために、タンポポの花が変化していく過程の継続的な観察と、綿毛の根元にある部分の中身を観察する。

【観察】観察期間：5/12 〜 5/22

タンポポの場所	花が綿毛に変化する日数
体育館の南側	10 日

綿毛の根元部分のスケッチ

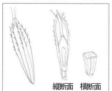

縦断面　横断面

観察メモ・インターネットの情報
　根元部分を縦方向に切り内部を観察すると，小さな米粒のようなものがあった。横方向に切って観察したところ，米粒のようなものの中心部は周りより濃い白色だった。インターネットで調べてみると，米粒のようなものはタンポポの種子であることが分かった。

【考察】
　タンポポの花は10日で綿毛に変化し、花の根元部分がそのまま綿毛の根元部分に変化している。

【新たな疑問】
　タンポポと同じようなからだのつくりをしているなかまは、花も同じようなつくりをしているのだろうか。

問1　レポート中の空欄　①　、　②　にあてはまる言葉を次のアからカの中から選びなさい。
　　　ア　おしべ　　イ　めしべ　　ウ　種子　　エ　果実　　オ　やく　　カ　がく
問2　レポート中のスケッチ X として適切なものは、右の図の A と B のうちどちらですか。そう考えた理由も答えなさい。
問3　花子さんは、先生から「考察」の部分を修正した方がいいとアドバイスをもらいました。課題に正対した「考察」に修正しなさい。
問4　レポート中の下線部分「タンポポと同じようなからだのつくりをしているなかま」を身の回りの植物から探し出すとき、その植物がタンポポと同じなかまであると判断するにはどのようなことを確認すればよいですか。具体的に説明しなさい。また、タンポポと同じようなからだのつくりをしているなかまの名前を答えなさい。

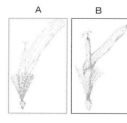

A　　　　B

図1　資質・能力を評価するペーパーテストの例

例⑧ 第2分野 1年

"どっか～ん" だけじゃないぞ、火山噴火
~違いを見つけて、理由をモデル実験で検証する~

1. 小単元 「火山活動と火成岩」

2. 小単元で育成する資質・能力を踏まえた評価規準

知識・技能	思考・判断・表現	主体的に学習に取り組む態度
①大地の成り立ちと変化を地表に見られる様々な事物・現象と関連付けながら、火山活動と火成岩についての基本的な概念や原理・法則などを理解している。 ②科学的に探究するために必要な観察、実験などに関する基本操作や記録などの基本的な技能を身に付けている。	③火山について、問題を見いだし見通しをもって観察、実験などを行い、地下のマグマの性質と火山の形との関係性などを見いだして表現しているなど、科学的に探究している。	④火山に関する事物・現象に進んで関わり、見通しをもったり振り返ったりするなど、科学的に探究しようとしている。

3. 小単元の指導計画　〇指導に生かす評価　◎指導に生かすとともに記録して総括に用いる評価

次	時	〇◎評価規準 （評価方法）	・学習活動
第一次	1	◎思考・判断・表現③ （行動の観察・ノート）	・資料をもとに、火山の形や広がり、噴火の様子を比較し、マグマの性質との関係性を見いだす。見いだした関係性を明らかにするモデル実験の計画を立案し、計画に基づいて実験を行い、その結果を考察する。
	2	◎思考・判断・表現③ （ノート） 〇知識・技能① （ノート）	・火山噴火のしくみについてのモデル実験の計画を立案し、計画に基づいて行う。 ・火山噴火のしくみについてノートにまとめる。火山噴出物の観察を行い、火山砕屑物を大きさや形状などによって分類し、ノートにまとめる。
第二次	3	〇知識・技能② （行動の観察）	・火山灰を観察するための試料を作成する。
	4	◎思考・判断・表現③ （探究シート・ノート）	・火山灰の観察を行い、火山灰中の鉱物などを比較し、見いだした特徴を基に分類して探究シートやノートにまとめる。
	5	〇知識・技能② （探究シート・ノート） ◎思考・判断・表現③ （探究シート・ノート）	・ルーペや双眼実体顕微鏡を使って火成岩の観察を行う。 ・火成岩の観察を行い、色や鉱物の大きさなどを比較し、見いだした特徴を基に分類して探究シートやノートにまとめる。
	6	◎思考・判断・表現③ （探究シート・ノート）	・火成岩の岩石組織の観察を行い、火山岩と深成岩の岩石組織を比較し、見いだした違いが生じる理由について仮説を設定する。その仮説を検証するモデル実験を立案し、計画に基づいて行う。
	7	〇主体的に学習に取り組む態度④ （行動の観察・発表など）	・話し合いを通して他者の意見も踏まえ、ハザードマップと火山の特徴を関連付けるように指導する。火山についての学習の振り返りを行い、この単元で学んだことをまとめる。

小単元における　指導と評価のポイント

❶ 問題を見いだして課題を設定する

問題を見いだすには、複数の火山の形や噴火の様子、構成している岩石などの比較が大切となる。このときに話し合いによる活動が有効となる。他者の考えを聞くことによって新たな視点で問題を見いだすことができ、見いだした問題の理由を話し合うことで課題が設定されていく。これらの学習活動によって探究する方法が身に付いているか、探究シートの記述や発表の内容を基に評価し、指導を工夫する。

❷ モデル実験を実際の自然の事物・現象と関連付ける

モデル実験を行う上で大切なことは、モデル実験の「何」が、自然の事物・現象の「何」と対応しているのか、生徒が理解していることである。モデル実験を実際の自然の事物・現象と関連付けることができたか、探究シートの記述や発表の内容によって評価を行い、指導に生かすことが大切である。

小単元における　学習の過程

科学的に探究する方法を習得するとともに、時間的・空間的な見方や比較するなどの考え方を働かせて、理科における資質・能力を育成する。

課題の設定

火山についての事物・現象を観察し、比較することで違いを見いだし、その違いを生じる理由について、課題を設定する。

課題の解決

自ら設定した課題についての仮説を立て、モデル実験を立案し、計画に基づいて行う。

振り返り

モデル実験と火山についての事物・現象を関連付けて、理解を深める。

目指す生徒像

火山についての事物・現象を比較し、問題を見いだして課題を設定し、解決に向けてモデル実験を計画し科学的に探究するとともに、習得した知識を日常生活などに活用しようとする生徒。

学習の過程における　指導と評価の一体化

第一次 ❶ ❷

◎火山を比較し、話し合いを通して生徒が違いを見いだし、課題を設定する場面や実験を計画する場面を設定する。生徒が見通しをもって主体的に探究していけるように、ノートの記述や行動の記録を用いて評価を行い、指導にフィードバックしていく。

第二次 ❶ ❷

○火山に関して、科学的な探究に必要な基本的な知識・技能を身に付ける。
◎観察の結果から見いだした特徴を、火山の特徴と関連付けて捉えるように指導する。
◎日常生活との関わりとしてハザードマップを扱い、習得した知識を活用しながら探究できるように促す。発表などの行動の記録を用いて評価を行い、指導にフィードバックしていく。

小単元で目指す生徒像の育成に向けてのポイント

「生きて働く〔知識及び技能〕の習得」に向けて

　知識が生きて働くためには、習得した知識が互いに関連付いていることが大切である。例えば単元の振り返りの中で、火成岩や鉱物についての知識を火山の形とマグマの粘性についての知識と関連付けることで「生きて働く知識」となる。このように習得した知識は、生徒が旅行などで新たな火山を目にしたときに活用することができ、知識の有用性を実感することとなる。

　また、実験や観察の技能を習得する上で大切なのは、操作の理由を明確にすることである。例えばルーペは目に近付け、岩石を前後に動かしてピントを合わせるが、その理由を話し合い、理解を促すことで技能が習得されやすい。また、次に同様の操作を行うときでも、操作の理由を理解していれば習得した技能が生きて働くことになる。

「未知の状況にも対応できる〔思考力、判断力、表現力等〕の育成」に向けて

　科学的な探究は、課題の発見、課題の探究、課題の解決という過程で行われる。このときにポイントとなるのが、「何が（独立変数）、何を（従属変数）変化させているのか」と「独立変数をどのように変化させると、従属変数がどのように変化するか予想する」ことである。独立変数と従属変数を生徒に意識させるには、4QSシート（小林、2012）を用いた話し合いなども有効である。

　このようにして〔思考力、判断力、表現力等〕を育成し、科学的な探究の方法を身に付けることで、未知の自然の事物・現象に接したときにも科学的に探究することができる。

参考文献：小林辰至『問題解決能力を育てる理科教育』梓出版社、2012

「学びを人生や社会に生かそうとする〔学びに向かう力、人間性等〕の涵養」に向けて

　火山において、災害と恩恵は日常生活と大きく関わる。火山災害の観点からは、ハザードマップを用いた授業が考えられる。マグマの性質が異なる火山を挙げて比較すると、学習した内容をハザードマップの説明に活用しやすく、知識の有用性に気付き、学びに向かう力を高めることができる。火山活動による恩恵の観点からは、シラス台地などの火山砕屑物の特徴と土地の活用を関連付ける授業などが考えられる。このような授業は社会科の学習内容との関連が深く、教科横断的に行うことで、学習の有用性への認識を深めることができる。

　火山や地震、気象についての災害が実際に起こったときに、これを授業の中でトピック的に扱うことは、生命や地球に関する事物・現象に進んで関わり、科学的に探究しようとする態度を養うことにつながる。また、理科で学んだことが日常生活と大きく関わることを実感する機会とすることができる。

小単元で目指す生徒像の育成に向けた授業の例

「火山の形の違いはなぜ生じるのだろう」　　　　（第一次 1 時）

小単元における資質・能力を評価するペーパーテストの例

(1) 資質・能力を評価し指導に生かす

図1のペーパーテストは、単元で身に付けた火山や火成岩などについての〔知識及び技能〕の習得の状況と、科学的に探究する力の育成の状況を把握して評価し、その後の指導に生かすために作成した問題の例である。各設問のポイントは表1に整理している。

理科の目標は、自然の事物・現象を科学的に探究するための資質・能力を育成することにある。したがって、生徒の資質・能力を評価することは、教師自らの授業を評価することでもあり、授業の改善に不可欠なことである。

(2) 「知識・技能」について

「知識・技能」の評価においては、科学的な概念や原理・法則の理解とともに、科学的な探究に必要な基本的な技能を身に付

けているか評価する。例えば、実験や器具の操作において、その理由を問うことで、基本的な技能が身に付いているかを評価することができる。

(3) 「思考・判断・表現」について

「思考・判断・表現」の評価においては、課題の発見・課題の探究・課題の解決という探究の過程の場面を設定することが大切である。例えば課題の探究の場面でモデル実験を設定し、モデル実験が自然の事物・現象とどのように対応しているかを問うことで、生徒の習得の状況だけでなく、授業の改善点も明らかとなる。課題の解決の場面では、設定された場面に対して習得した知識を活用して課題を解決しているか評価する。それには、判断した理由を科学的な用語を正しく用いて表現しているか評価することが大切である。

表1　図1のペーパーテストにおける各設問のポイント

問1	小単元や本時の「知識・技能」の評価規準に基づき、ルーペを適切に使って火成岩の観察を行うことができるか評価する。 【正答の例】　ルーペを目に近づけて，火成岩を動かしてピントを合わせる。
問2	小単元や本時の「思考・判断・表現」の評価規準に基づき、観察の結果から火山岩の特徴を見いだして判断し、表現することができるか評価する。 【正答の例】　小さな鉱物からできていることから斑状組織をした火山岩で、全体的に白っぽく、石英と思われる透明な粒があることから流紋岩と判断した。
問3	小単元や本時の「思考・判断・表現」の評価規準に基づき、モデル実験を実際の火山の噴火と対応させることができるか評価する。 【正答の例】　ア　火山噴出物　イ　火山ガス（主に水蒸気）　ウ　マグマ
問4	小単元や本時の「思考・判断・表現」の評価規準に基づき、火山の形をマグマの粘性と関連付けて表現することができるか評価する。 【正答の例】　白っぽい火山岩による火山の形がドーム状に盛り上がっていることから、この火山のマグマのねばりけが大きいことがわかるから。
問5	小単元や本時の「思考・判断・表現」の評価規準に基づき、マグマの粘性を変化させる要因について科学的に探究しようとしているか評価する。 【正答の例】　①　無色鉱物に多く含まれる成分　②　多い 　　　　発展的な内容となるので必ずしも正答でなくてもよい。今までの学習でマグマの粘性を変化させる可能性がある要因について挙げているかで評価する。

　蓮さんは、旅行好きな紬さんから火成岩ＡとＢをお土産でもらいました。紬さんによると、火成岩ＡはＸのような形の火山、火成岩ＢはＹのような形の火山で採集したそうです。

	写真	ルーペで観察したときの特徴	火山の形
火成岩Ａ	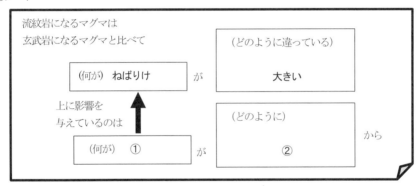	・全体的に白っぽく、ところどころに大きさが1mmくらいの無色透明な粒と、大きさが0.5mmくらいの黒っぽい粒が見られた。	火山Ｘ　1km
火成岩Ｂ		・全体的に黒っぽく、ところどころに大きさが0.5mmくらいの白い粒が見られた。	火山Ｙ　10km

　以下は二人の会話です。

蓮さん：学校の授業で観察したから覚えているよ。たぶん火成岩Ａは花こう岩だよ。

紬さん：(a) えっ、違うよ。流紋岩だよ。

蓮さん：そうだった。授業といえば、(b) 噴火の実験もやったね。面白かった。

紬さん：火成岩Ａを拾ったのは、Ｘのような形の火山だったけど。

蓮さん：ということは、(c) 白っぽい火成岩になるマグマのねばりけが大きいといえるんだね。

紬さん：白っぽい火成岩ということは、無色鉱物が多いのかな。

蓮さん：新しい問題が見つかったね。探究シートだと、こんなふうに整理できるよ。

探究シート

```
流紋岩になるマグマは
玄武岩になるマグマと比べて

（何が）　ねばりけ　　が　　（どのように違っている）　大きい

　　上に影響を
　　与えているのは

（何が）　①　　が　　（どのように）　②　　から
```

第2分野
1年

問１　火成岩ＡとＢを拡大して観察するには、ルーペをどのように使いますか。

問２　下線部（a）について、紬さんは火成岩Ａを花こう岩ではなく、流紋岩だと判断しました。その理由は何だと考えますか。

問３　下線部（b）について、図は火山の噴火のモデル実験の装置です。モデル実験と実際の火山噴火を対応させた表のア～ウにあてはまる適語は何ですか。

噴き出した炭酸飲料
炭酸飲料

モデル実験	実際の火山の噴火
噴き出した炭酸飲料	ア
炭酸飲料に溶け込んでいた二酸化炭素	イ
炭酸飲料	ウ

問４　下線部（c）について、白っぽい火成岩になるマグマのねばりけが大きいといえる理由は何ですか。

問５　探究シートの ① と ② にあてはまる適切な語句は何ですか。

図１　資質・能力を評価するペーパーテストの例

生命の営みからみえる 体の神秘

1. 小単元 「生命を維持する働き」

2. 小単元で育成する資質・能力を踏まえた評価規準

知識・技能	思考・判断・表現	主体的に学習に取り組む態度
①動物の体のつくりと働きとの関係に着目しながら、生命を維持する働き、刺激と反応についての基本的な概念や原理・法則などを理解している。 ②科学的に探究するために必要な観察、実験などに関する基本操作や記録などの基本的な技能を身に付けている。	③動物の体のつくりと働きについて、見通しをもって解決する方法を立案して観察、実験などを行い、その結果を分析して解釈し、動物の体のつくりと働きについての規則性や関係性を見いだして表現しているなど、科学的に探究している。	④動物の体のつくりと働きに関する事物・現象に進んで関わり、見通しをもったり振り返ったりするなど、科学的に探究しようとしている。 ⑤探究の過程を振り返り、動物の体のつくりと働きに関する身近な事物・現象と関連付けて考えようとしている。

3. 小単元の指導計画　○指導に生かす評価　◎指導に生かすとともに記録して総括に用いる評価

次	時	○◎評価規準 （評価方法）	・学習活動
第一次 （探究1・2）	1 2 3 4 5 6	◎知識・技能①② 　（行動の観察・ノート） ○思考・判断・表現③ 　（発表・ノート） ○主体的に学習に取り組む態度④ 　（ノート・記述の分析）	・デンプンやタンパク質の消化について見いだした問題から課題や仮説を設定し、消化液や消化環境などの条件を制御しながら実験を計画して行い、課題を解決する。 ・小腸が効率よく吸収するための仕組みが小腸の表面にあることから設定した課題について、見通しをもって観察を行い、ひだにひだを重ねる様子を見いだす。 ・第一次の学習を振り返り、身近な事物・現象を学習内容と関連付けて考えたり、学習を通して見いだした問題を整理したりする。
第二次 （探究2）	7 8	◎思考・判断・表現③ 　（発表・ノート） ○思考・判断・表現③ 　（ノート・レポート）	・生命活動のエネルギーを取り出すには、養分のほかに酸素が必要であることに問題を見いだして課題を設定し、肺で効率よく酸素を取り込むための仕組みについて考える。 ・食物の通り方と空気の通り方に違いがあることから問題を見いだして課題を設定し、気管と食道の壁の様子の違いや気管と血管の共通点や相違点に着目して肺の観察を行う。
第三次 （探究2・3）	9 10 11	◎思考・判断・表現③ 　（ノート・レポート） ◎思考・判断・表現③ 　（ノート・レポート） ◎主体的に学習に取り組む態度⑤ 　（ノート・記述の分析）	・心臓のつくりを血液の流れと関連付けて考え、見いだした問題から課題を設定し、心臓の4つの部屋の壁や血管の壁の様子に着目して観察を行い、課題を解決する。 ・生活の違いから、ヒトと魚の体のつくりを比較し、それぞれの働きと関連付けて観察を行い、課題を解決する。 ・小単元の学習を振り返り、動物の体のつくりと働きに関する身近な事物・現象を学習内容と関連付けて考えたり、学習を通して見いだした問題を整理したりする。

小単元における　指導と評価のポイント

❶ 科学的に探究する学習活動を通して、資質・能力の向上を図る

　　動物の体のつくりは複雑であるため、生徒にとって関心は高くとも捉えにくい。そこで、可能な限り生の生物を用いた観察、実験を中心に学習を展開させたい。その際、視点を明確にし、習得した知識を活用しながら探究に取り組むことで、多様性に気付いたり、規則性を見いだして表現したりする力が養えるように、指導と評価を行う。

❷ 視点を明確にして、主体的に学習に取り組む態度を引き出す

　　課題や観察、実験等の視点を明確にすることによって、学習の見通しをもち、進んで課題を解決しようとする態度を引き出す。また、小単元の終わりに探究を振り返り、学習の深まりや広がりから理科を学ぶ有用性を実感できるよう、指導と評価の一体化を図る。

小単元における　学習の過程

理科における資質・能力を育成するために、科学的に探究する学習活動の充実を図る。その際、考える視点を明確にし、見通しをもって探究が行えるようにする。

| 探究1 | これまでの学習を基に条件を制御し、対照実験の計画を中心とした探究を行う。 |

| 探究2 | 視点を明確にし、観察を中心とした探究を行う。 |

| 探究3 | ヒト以外の生物について、ヒトと比較しながら、体のつくりと働きを関連付けて観察を行い、レポートにまとめる。また、探究の過程を振り返る。 |

目指す生徒像

動物の体のつくりと働きを関連付けて考えるとともに、共通性・多様性の視点で捉えることで、動物の体の精妙さを改めて感得できる生徒。

学習の過程における　指導と評価の一体化

第一次（探究1、探究2）❶❷
◎対照実験の計画で、提示した方法を基に、変える条件、統一する条件を明確にして計画を行えるようにする。
○小腸の働きに着目して観察できているかを問い、小腸のつくりと働きを関連付けて捉えられるようにする。

第二次（探究2）❶
◎小腸の学習から、肺の仕組みを肺胞のつくりと関連付けて表現できるようにする。
○生徒の状況を把握し、気管と血管の壁の様子の違いを見いだせるようにする。

第三次（探究2、探究3）❶❷
◎血液の循環に着目して観察し、心臓のつくりと働きを関連付けられるようにする。
◎魚をヒトと比較し、生物の多様性に着目し、体のつくりと働きを関連付けてレポートにまとめられるようにする。
◎小単元の学習を振り返り、学習の深まりを実感し、動物の体の精妙さを感得できるようにする。

第2分野　2年

139

小単元で目指す生徒像の育成に向けてのポイント

「生きて働く〔知識及び技能〕の習得」に向けて

　動物の体のつくりは複雑であるため、関心はあれども、情報を整理して読み取ることは難しい。そこで可能な限り、単純化されたモデルではなく、生の生物を用いた観察、実験を中心として、探究の過程を重視した授業を行いたい。その際、考える視点を明確にしながら、体のつくりと働きを関係付けて捉えられるようにすることが大切である。例えば、体の働きを立体模型やモデルを用いて考える際、視点を明確にすることで、複雑な実物と単純化されたモデルを行き来しながら考えることができる。また、探究2では、観察の途中に必要な知識を整理する場面を設定している。整理された知識が次の視点となり、知識を活用しながら新たな知識を習得できる。視点を明確にし、知識の習得と活用を繰り返すことで、身近な生物へ転用できるようにしたい。また、生の生物を用いる際は、食材や教材資料して利用されている豚や鳥などを用いるなど、衛生面にも留意したい。

「未知の状況にも対応できる〔思考力、判断力、表現力等〕の育成」に向けて

　授業は、問題発見→課題の設定や仮説の立案→観察（実験）→考察→まとめと振り返りの流れを基本とする。その際、視点を明確にし、生徒の思考の流れに沿った展開にしたい。探究1は、対照実験の計画が中心である。計画の際、条件を明確にし、実験方法の具体を提示することで、視点が明確になる。探究2は、観察が中心である。生徒は、視点を明確にして観察を行うが、途中で視点が足りずに戸惑う。そこで観察を中断し、働きに関する知識等を加えてから再び観察を行うという学習展開である。複雑な生物の観察には視点が大切であることや視点が増えると観察が深まることを実感させたい。探究3は、魚など身近な生物を観察してレポートにまとめる。生物の体のつくりと働きを関連付けたり、魚とヒトの体のつくりと働きを比較したりして観察することで、生物の多様性に気付くとともに、身近な生物についても科学的に探究できる一助としたい。

「学びを人生や社会に生かそうとする〔学びに向かう力、人間性等〕の涵養」に向けて

　課題を自分のものとして捉えられるようにしたり、視点を明確にしたりすることで、見通しをもてるようにし、主体的に学習に取り組む態度を引き出したい。また、生物の観察では、共通性・多様性の視点も大切である。ニワトリの心臓を観察する際に、左心室の発達におけるヒトとの相違点に着目させたり、ブタの肺を観察する際に、食物の消化・吸収に関わる消化管と呼吸に関わる器官や肺の共通点や相違点に着目させたりするなど、ヒトと他の生物を比較したり、働きに着目してつくりを比較したりする中で、動物のからだの精妙さを改めて感得し、生命の尊さを実感できるようにしたい。また、課題や単元の終わりには、身近な事物・現象を学習内容と関連付けて考えたり、学習を通して見いだした問題を整理したりして、学習の深まりや広がりを実感できるようにすることで、理科を学ぶ有用性を実感するとともに、授業での学びを日常生活や社会へと活用しようとする姿を引き出したい。

小単元で目指す生徒像の育成に向けた授業の例

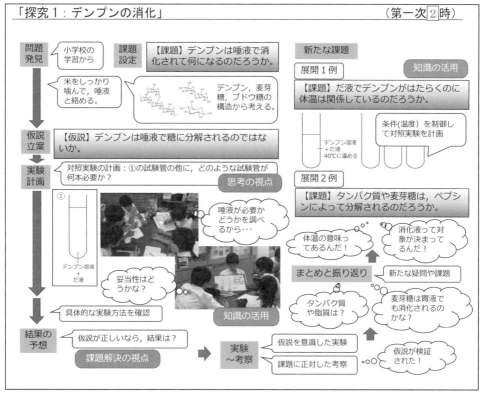

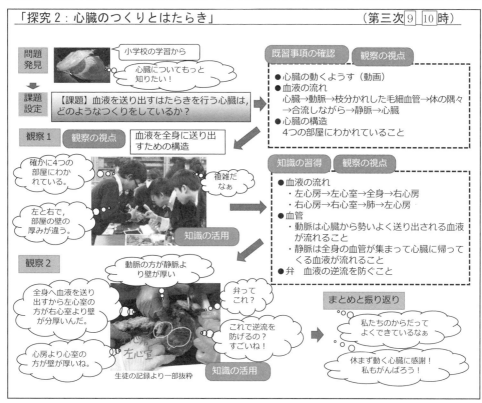

小単元における資質・能力を評価するペーパーテストの例

(1) 資質・能力を評価し指導に生かす

図1のペーパーテストは、小単元で身に付けた〔知識及び技能〕の習得の状況と科学的に探究する力の育成の状況を評価するために作成した問題の一例である。

日常生活から問題を見いだし、科学的に探究する過程を意識した出題としている。身に付けた〔知識及び技能〕を身近な場面で活用することを促し、科学的に探究する力を引き出して評価し、その後の指導へ生かす。ただし、動物の体は複雑かつ多様で、身近な教材として利用できるものが少ないため、その扱いについては工夫が必要である。表1は各設問のポイントである。

(2)「知識・技能」について

生徒が身に付けた〔知識及び技能〕は、身の回りの事物・現象について考える際に活用できることが大切である。そこで、食材としても利用されている魚を対象に、ヒトを中心として習得した体のつくりと働きに関する〔知識及び技能〕を活用できるようにした。

生徒は、心臓のつくりと働きに着目して、心臓が心房と心室に分かれていることや、心室が動脈とつながることから解答を選択する。これにより、生命を維持する心臓の働きについての基本的な概念を理解しているかどうかを評価することができる。

(3)「思考・判断・表現」について

「思考・判断・表現」においては、生徒が身に付けている〔知識及び技能〕を活用して考えられるようにすることが大切である。そこで、消化管に関する設問では、身近な草食動物と肉食動物における消化管のつくりの違いを問い、消化管（小腸など）のつくりを働き（消化・吸収）と関連付けるとともに、共通性と多様性の視点で捉えて解答する必要があるようにしている。また、心臓に関する設問では、魚の心臓のつくりと、血液を送り出す働きとを関係付けて解答する必要があるようにしている。

これにより、体のつくりと働きを関係付けて考えるとともに、共通性と多様性の視点で捉えることができているかを評価できる。

表1　図1のペーパーテストにおける各設問のポイント

問1	小単元における「思考・判断・表現」の評価規準に基づき、小腸が消化・吸収に関わる器官であることを活用することができるか評価する。 【正答の例】　草は肉よりも栄養分が少ないため、少しでも多くの養分を消化して吸収するために腸が発達したと考えられる。
問2	小単元における「知識・技能」の評価規準に基づき、心臓のつくりと働きに関する基本的な概念が身に付いているか評価する。 【正答の例】　B
問3	小単元における「思考・判断・表現」の評価規準に基づき、心臓のつくりと血液の循環に関する知識・技能を身近な生物に活用することができるか評価する。 【正答の例】　動脈血と静脈血が混ざるため、血液中の酸素の割合が低くなる。
問4	小単元における「主体的に学習に取り組む態度」の評価規準を参考に、心臓のつくりと血液の循環に関する知識・技能を身近な生物に活用しようとしているか、「人間性等」として個人内評価を行う。 【例】　心臓が小さいので、全身に血液を送り出すために、動脈球で血液を送り出す働きを助けているため、筋肉が発達したと考える。

　　ウマとライオンの消化管の長さが違うことを知った A さんは、動物によって消化管の長さに違いが
あるか調べ、レポートにまとめました。

【課題】
　消化管の長さは、動物によって違いはあるか。

動物	腸の長さ（m）	**腸/体長**
ウマ	30	**12**
ウシ	51	**25**
ヒト	7	**4.5**
ライオン	7	**3.9**
トラ	5	**5**

【考察】
　腸の長さによって動物を2つのグループに分類できる。
腸が短い動物は、主に他の動物の肉を食べる肉食動物
で、長い動物は、主に植物を食べる草食動物であるこ
とがわかる。

参考文献：「数値で見る生物学」R. フリント著より

　　B さんは、　父が釣ってきた魚で料理しているとき、心臓が動いているようすがヒトと違うことに
興味をもち、観察してレポートにまとめました。

【課題】
　魚の心臓のつくりは、ヒトとどう違うか。
【観察】
　アジの心臓を観察する。
【結果と考察】

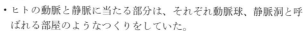
動脈球　　　　　A　　B

・心臓は、心房と心室が交互に収縮して、血液を送り出していた。
・心臓は、2つの部屋にわかれていて、心房と心室が1つずつあっ
　た。
・ヒトの動脈と静脈に当たる部分は、それぞれ動脈球、静脈洞と呼
　ばれる部屋のようなつくりをしていた。
・動脈球の壁は膨らんでいて、厚い筋肉だった。

2つのレポートを見て、話合いをしました。

　A さん　消化管の長さが肉食と草食で分けることができるとは思いませんでした。肉食動物よ
　　　　　り、草食動物の消化管が長いのは、（　　　　　　　　　　ア　　　　　　　　　　　）
　　　　　ためではないかと考えられます。
　B さん　アジの心臓が動くのを見たとき、ヒトの動きと違うので驚きました。調べると、魚類の
　　　　　心臓は心房と心室が1つずつしかないことがわかりました。魚類とヒトの心臓のつくりを
　　　　　比較すると、心臓から出る血液の酸素のようすに違いがあると考えられますね。
　先　　生　そうですね。動物の体のつくりには、多くの共通点があるけれど、相違点もたくさんあ
　　　　　りますね。ところで、魚類では、動脈の壁の筋肉が発達しているのは、なぜだと考えられ
　　　　　ますか。

問1　話し合いの中で、（　ア　）に当てはまる、肉食動物より草食動物の消化管が長い要因として
　　考えられることは何ですか。
問2　【課題2】で、アジの心室はA、Bのどちらですか。
問3　魚類の心房と心室が1つずつしかないことで、心臓から出る血液の酸素にどのような違いがあ
　　りますか。「動脈血」、「静脈血」を用いて説明しなさい。
問4　魚類では、動脈の壁の筋肉が発達しているのはなぜだと考えますか。あなたの考えを書きなさ
　　い。

図1　資質・能力を評価するペーパーテストの例

継続的な気象観測から空や天気の様子を深く知ろう

1. 単元「気象観測」

2. 単元で育成する資質・能力を踏まえた評価規準

知識・技能	思考・判断・表現	主体的に学習に取り組む態度
①気象要素と天気の変化との関係に着目しながら、気象要素、気象観測についての基本的な概念や原理・法則などを理解している。 ②科学的に探究するために必要な観察、実験などに関する基本操作や記録などの基本的な技能を身に付けている。	③気象観測について、見通しをもって解決する方法を立案して観察、実験などを行い、その結果を分析して解釈し、天気の変化についての規則性や関係性を見いだして表現するなど、科学的に探究している。	④気象観測に関する事物・現象に進んで関わり、見通しをもって科学的に探究しようとしている。 ⑤気象観測に関する探究の過程を振り返り、身の回りの現象に関連付けようとしている。

3. 単元の指導計画　　○指導に生かす評価　◎指導に生かすとともに記録して総括に用いる評価

次	時	○◎評価規準 （評価方法）	・学習活動
第一次	1	○知識・技能① （行動の観察・発表・記述の分析・ノート）	・小学校で学習した天気に関する内容や日常生活で経験する気象現象や情報を振り返り、中学校の学習内を知るとともに学習の見通しをもつ。
	2	○知識・技能① （行動の観察・ノート）	・気象要素について説明を聞き、測定方法、記録の仕方について知る。
第二次	3	○知識・技能② （行動の観察・ノート・レポートなど）	・ペンの両端を指で挟んだときの感触の違いから面積と圧力の関係に気付き、スポンジにレンガの接触面を変えて置いたときのへこみ方の違いを調べる実験の計画を立案し、計画に基づいて実験を行う。
	4	○思考・判断・表現③ （行動の観察・ノートなど）	・実験の結果を処理し、圧力は単位面積当たりの力の大きさで表されることを見いだして理解する。
	5	○思考・判断・表現③ （行動の観察・ノート・レポートなど）	・空き缶を使った大気圧の実験を行い、気圧について空気の重さと関連付け考察して理解する。
第三次	6	○知識・技能①② （行動の観察ノート・レポートなど）	・気象観測を行い、各気象要素の観測測定結果を適切に記録する。
	7	◎思考・判断・表現③ （行動の観察・発表・記述の分析・ノート・レポート）	・観測結果から、気象要素と天気の変化とを関連付けながら考察し、関係を見いだして理解する。
	8	◎主体的に学習に取り組む態度④⑤ （行動の観察：説明・発表、記述の分析・ノート・レポートなど）	・2週間程度の継続した気象観測を行い特徴的な気象要素の変化に気付き、新たな問題や課題を見いだす。

単元における　指導と評価のポイント

❶　科学的な探究の一連の過程を通して資質・能力を引き出す

気象現象に関する知識や技能を習得し、日常生活での活用から見いだした課題「圧力について調べよう」「圧力と気圧を考えよう」の設定とその追究を行い、気象要素と天気の変化を関連付けて課題の解決に導く。このように、科学的に探究し解決する一連の過程を通して、理科で育成したい資質・能力を引き出すように指導と評価の一体化を図る。

❷　継続した観察から見通しをもち主体的に学習に取り組む態度を引き出す

科学的に探究する学習活動において小学校の学習内容を振り返り、中学校での学習内容に関連付けながら学習を進めることで、学習の見通しをもつ。ここでは、新しい疑問に気付いたり、解決のために必要な観察や実験を計画したりする場面を設定する。その際、新たな解決できない問題について継続して観察に取り組むことで、粘り強く学習に取り組み、主体的に探究できるよう指導と評価を行っていく。

単元における　学習の過程

気象要素に関する習得した〔知識及び技能〕を活用して、継続的な気象観測を行い、科学的に探究する。

| 課題の設定 課題の追究 | 身近な気象現象に興味をもち、見いだした問題から課題を設定して科学的に探究をする。 |

| 課題の追究 〔知識及び技能〕の習得 | 科学的に探究するために必要となる基本的な〔知識及び技能〕を習得する。 |

| 課題の解決 | 気象要素と天気の変化を関連付けて考察する。気象観測と探究の過程を振り返る。 |

目指す生徒像

気象現象に問題を見いだして課題を設定し、身に付けた知識・技能を活用して粘り強く探究し、理科の面白さや有用性を実感しながら、新たな探究につなげていこうとする生徒

学習の過程における　指導と評価の一体化

第一次 ❶ ❷
○小学校の学習内容を振り返り、中学校の学習内容に関連付けて学習の見通しをもつ。
○行動の観察やノートの記録から生徒の状況を評価し、気象に関する基本的な〔知識及び技能〕がしっかり身に付くよう個に応じた指導をする。

第二次 ❶ ❷
○圧力や気圧について、日常生活での経験から問題を見いだし課題を設定する。
○実験の計画を立案する場面を設定し、結果から考察を導き出す過程で、科学的に探究し解決できるようにする。

第三次 ❶ ❷
○気象観測の適切な観測方法による記録の例を生徒に示し、継続観察に活用できるようにする。
◎継続観察から天気の変化や特徴的な気象現象と結び付けて考えられるようにすることで、思考力を引き出す。
◎解決できない問題について継続して観察に取り組むなど、粘り強く科学的に探究し主体的に学習に取り組む態度を引き出す。

第2分野

2年

単元で目指す生徒像の育成に向けてのポイント

「生きて働く〔知識及び技能〕の習得」に向けて

　小学校では、「天気によって1日の気温の変化の仕方に違いがあること」「天気の変化は、雲の量や動きと関係とあること」を学んでいる。気温や湿度、雲の様子や風の強さ等の気象要素は、体育の授業、部活動、運動会や校外学習等で話題になり、生徒の日常生活に気象観測の場面がある。ここでは、小学校の学習内容を振り返りながら気象要素について理解し、主な気象要素を測定する技能と記録の仕方を身に付けるように指導を行う。例えば、休み時間ごと、朝や昼休みなどに観測を行い、気象要素と天気の変化とを関連付けて考察することで、それらの関係を見いだして理解できるようにする。また、台風や前線の通過、猛暑や豪雨、大雪における気象要素の変化を調べ、身に付けた知識を活用することで、気象現象を継続して探究するきっかけとしたい。

「未知の状況にも対応できる〔思考力、判断力、表現力等〕の育成」に向けて

　気圧は、小学校第5学年で扱う台風で触れているものの圧力の概念が形成できていないことから、理解は十分ではない。そこで、圧力の概念形成を図るため、初めに、ペンの両端を指で挟んだときの感触の違いと面積とを関連付けて考え、日常生活での経験を基に考えられるようにする。その際、発問を工夫して、複数の要因から圧力に関係する量（力と面積）に気付くようにすることが大切である。次に、レンガをスポンジの上にのせスポンジのへこみから圧力に関係する量を確認し、力の大きさを変えずに面積だけを変えたときの物体の変化を量的に測る実験を計画する。ここでは、見通しをもって観察、実験を行い、独立変数と従属変数を踏まえて分析して解釈することで、圧力について説明できるようにする。さらに、大気圧の原因となる空気に質量があることを実験から確かめ、気圧の変化について理解を深めるようにする。このように日常生活や社会と関連付けた探究的な活動を通して〔思考力、判断力、表現力等〕を育成したい。

「学びを人生や社会に生かそうとする〔学びに向かう力、人間性等〕の涵養」に向けて

　「気象とその変化」の単元では、小学校第5学年の学習内容や台風などの自然災害の経験を基に、気象現象に問題を見いだした課題を設定して探究を行う。例えば、大雨・大雪、前線の通過、晴天、強風、高温、低温等の気象現象を探究することが考えられる。その際、気象観測で気付いた疑問や自分だけでは解決できない課題を明らかにした上で、次の学習への動機付けとなる助言をすることで、粘り強く探究できるようにする。また、日常生活や社会において、身に付けた気象に関する〔知識及び技能〕を活用して天気の変化を予想できるようになった自分の変容を振り返ることで、理科を学ぶことの意義や有用性を実感できるようにするとともに、学んだことを普段の生活に生かそうとする生徒の育成を図りたい。

単元で目指す生徒像の育成に向けた授業の例

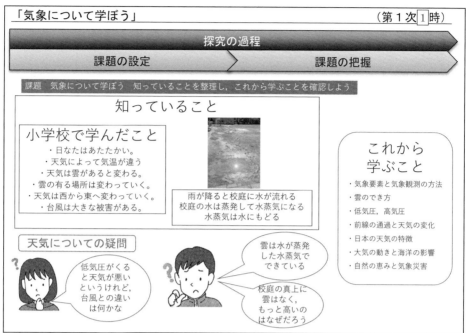

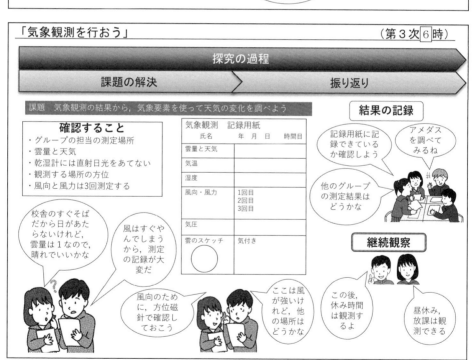

第2分野

2年

単元における資質・能力を評価するペーパーテストの例

（1）資質・能力を評価し指導に生かす

　新たな疑問をもつように学習内容を身近な事象に関連付けるよう支援することで、粘り強く探究に取り組めるようにする。

　図1のペーパーテストは、単元「気象観測」で身に付けた〔知識及び技能〕の習得状況や空間的な概念の形成状況、及び科学的に探究する力の育成状況などを把握して評価し、その後の指導に生かす問題の例である。表1は各設問のポイントである。

　生徒にペーパーテストの結果を示し解説する場面において、継続した気象観測から気象要素の変化に気付かせ、見いだした問題から課題を設定して、探究の過程を見通すようにする。このように、生徒の学習状況の変容について、授業の様子や振り返りの記述を用いて形成的に評価し、指導に生かすことが大切である。

（2）「知識・技能」について

　問1、問2は、気象観測の基本的な技能が身に付いているか評価する問題の例であ

る。ここでは、気象観測を行う場面において、記録や測定の仕方を問うことで、気象観測に関する基礎的・基本的な〔知識及び技能〕が身に付いているかを評価する。

（3）「思考・判断・表現」について

　問3は、身に付けた〔知識及び技能〕を活用して、自作した乾湿計を用いて継続した気象観測から見いだした気付きを、「打ち水」と関連付けて、その効果と仕組みを考察する問題の例である。

　天気の変化における「思考・判断・表現」の日常生活の場面において、身に付けた〔知識及び技能〕を活用することを問うことが大切である。単元全体の構想として、観測結果や居住地域の気象情報について、思考・判断・表現する様子を評価することで、学ぶことの意義や有用性を実感しながら未知の状況にも対応できる〔思考力、判断力、表現力等〕の育成も図ることができる。

表1　図1のペーパーテストにおける各設問のポイント

問1	単元における「知識・技能」の評価規準に基づき、全天の雲の分布を表した図から天気を判断する知識が身に付いているか評価する。 【正答の例】　晴れ
問2	単元における「知識・技能」の評価規準に基づき、ふきながしの様子から風向を正確に測定することができるか評価する。 【正答の例】　西北西
問3	単元における「思考・判断・表現」の評価規準に基づき、気象観測における気温と湿度の関係について、水の状態変化に関する既習事項と身近な現象を関連付けて、説明することができるか評価する。 【正答の例】　C　蒸発　D　下がる

　みきさんは、気象現象と天気の変化について、科学的に探究して観察、実験レポートにまとめました。次の問題に答えなさい。

観察、実験レポート

【問題の発見】
　気象要素の変化は天気と関係があるのか。
【課題】
　気象観測での気象要素を記録し、天気の変化を読み取る。
【観測】
　①　玄関付近で、休み時間ごとに、天気、雲量、気温、湿度、風向、気圧を測定し、気象観測用紙に記録する。風向、風力は吹き流しのようすから読み取る。
　②　気温、湿度、気圧は、1日の観測結果をグラフにまとめる。
　③　数日間、継続して観察を行い、結果をまとめる。

ある日の観察記録

図1　雲のスケッチ 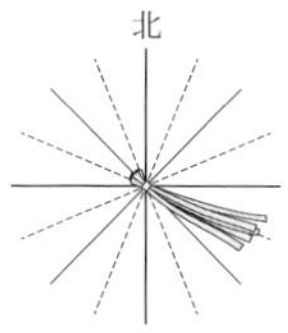　　図2　ふきながしのようす

○月○日昼休み（13時20分）の記録

天気	A
気温	21.6℃
湿度	53%
風向	B
風力	弱い
気圧	1002Pa

問1　図1の雲のスケッチから、観測したときの天気Aを答えなさい。
問2　図2の「吹き流し」の様子から、この時の風向Bを答えなさい。

　みきさんは、乾湿計の湿球の変化に疑問をもち、図3の装置を作り調べることにした。

学習ノートの一部

【気が付いたこと】
・乾球の値が上がっているときでも、湿球の温度が下がっていた。
・ケースに水を入れると乾いたガーゼが水を吸い上げ、ガーゼはぬれたままになる。
・数日間観察を続けるとケースの水は減っていき、最後には水が無くなりガーゼは乾いていた。
【新たな問題の発見】
　ケースの水が減ることは、湿球の値が下がることに関係があるのか。
【次の観察・実験】
　自作の乾湿計を作り調べる。
【先生のアドバイス】
　乾湿計のしくみを参考にして、夏の道路に水をまく「打ち水」の効果とその仕組みについて考える。

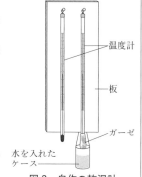

図3　自作の乾湿計

問3　みきさんは、先生のアドバイスから「打ち水」についての説明を考えました。みきさんの説明の（　C　）、（　D　）にあてはまる言葉を答えなさい。

【「打ち水」の効果とその仕組みの説明】
　「打ち水」をした水が（　C　）するときに温度が（　D　）から。

図1　資質・能力を評価するペーパーテストの例

例⑪
第2分野
3年

自分の分身と眺める宇宙（そら）の景色

1. 小単元「地球の自転と天体の動き」（日周運動と自転）

2. 小単元で育成する資質・能力を踏まえた評価規準

知識・技能	思考・判断・表現	主体的に学習に取り組む態度
①身近な天体とその運動に関する特徴に着目しながら、日周運動と自転についての基本的な概念や原理・法則などを理解している。 ②科学的に探究するために必要な観察、実験などに関する基本操作や記録などの基本的な技能を身に付けている。	③天体の動きと地球の自転について、天体の観察、実験などを行い、その結果や資料を分析して解釈し、天体の動きと地球の自転についての特徴や規則性を見いだして表現するなど、科学的に探究している。	④天体の動きと地球の自転に関する事物・現象に進んで関わり、探究の過程を振り返ったり、身の回りの現象に関連付けようとしたりしている。

3. 小単元の指導計画 ○指導に生かす評価　◎指導に生かすとともに記録して総括に用いる評価

次	時	○◎評価規準 （評価方法）	・学習活動
第一次	1	○知識・技能② （ノート）	・太陽を中心として太陽系の天体が公転していることと、小学校で学んだ太陽の動きを対比して振り返りながら、天体の位置や動きは仮想的な球面である天球上で表されることや、地球上及び宇宙空間から見た方位について確認する。
第一次	2	○知識・技能① （ノート）	・地球の自転と時刻、方角の考え方の定着を図ったり、地球儀（地球のモデル）の上に人形を置いて、天球の見かけの動きを確認したりする。
第二次	3	◎知識・技能② （観察）	・地球が自転すると、天球の上で太陽はどのように動いて見えるのか、地球儀の北半球に透明半球を貼って調べるモデル実験を行い考察する。
第二次	4	◎思考・判断・表現③ （レポート）	・地球が自転すると、天球の上で太陽はどのように動いて見えるのか、地球儀の南半球に透明半球を貼って調べ、北半球で調べたこととの共通点や相違点を明らかにする。
第三次	5	○知識・技能② （観察）	・地球が自転すると、天球の上で星がどのように動いて見えるのか、色水を半分入れた丸底フラスコの表面に星のシールを貼ったモデル実験を行い、フラスコを回転させながら東西南北と天頂付近での星の動きを調べる。
第三次	6	○主体的に学習に取り組む態度④ （ノート）	・モデル実験の考察の発表と振り返りの活動を行い、探究の過程をノートにまとめる。その中で、小単元を通した天体の動きに関する認識の変容に気付き、理科を学ぶ有用性を実感する。

小単元における　指導と評価のポイント

❶ 時間的・空間的な見方を働かせ、資質・能力の育成を図る

天体の位置関係や運動について探究する際、観測者の視点（位置）を適切に移動して考えることが大切である。しかし、広大な空間を扱うため、実際に自分の位置を変えることは難しい。そこで、自分の分身を設定し、観察している位置（観測者の位置）を確認しながら実験を行うようにする。そして、地球や太陽系を俯瞰する宇宙空間からの視点や、地球儀上に置いた人形から観察する天球の視点など、観測者の視点を適切に変えながら、日周運動に関する事象を多面的・相対的に捉えられるようにしたい。

❷ 学習の前後で自己の変容に気付き、理科を学ぶ有用性を実感する

生徒が主体的に探究した過程を振り返ることで、自らの成長や理科を学ぶ有用性を実感できるように、指導と評価を一体化して計画的に行う。

小単元における　学習の過程　　学習の過程における　指導と評価の一体化

| 課題の設定 課題の追究 | 身近な天体の動きに興味をもち、見いだした問題から課題を設定して科学的に探究する。 |

第一次 ❶ ❷
○身に付けた知識・技能を活用しながら、問題を見いだして課題を設定することで、生徒が主体的に探究できるようにする。
○観察やノートの記述から生徒の状況を把握し、基本的な〔知識及び技能〕が身に付くよう指導する。

| 〔知識及び技能〕の習得 | 科学的に探究するために必要となる基本的な〔知識及び技能〕を身に付ける。 |

第二次 ❶
◎天体の日周運動について、観察の計画や結果の記録、整理などの仕方が身に付くように指導する。
◎結果を基に課題に正対した考察を行い、北半球と南半球における太陽の日周運動について分析して解釈できるようにする。

| 課題の解決 | 天体の動きを地球の自転と関連付けて考察する。また、探究の過程を振り返る。 |

第三次 ❶ ❷
○モデル実験を通して、四方位における天体の動きに関する知識が習得できるようにする。
○小単元を通して学んだことをノートに振り返り、天体の日周運動に関する認識の変容に気付くことができるようにする。

目指す生徒像

日周運動と地球の自転に関する事象に興味・関心をもち、観測者の視点を適切に変えながらモデル実験に取り組み、時間的、空間的な概念を形成していく生徒。

小単元で目指す生徒像の育成に向けてのポイント

「生きて働く〔知識及び技能〕の習得」に向けて

　中学校で天体の学習は初めてであり、特に太陽の動きは小学校第3学年で学習して以来のため、小学校で習得した内容を丁寧に振り返り、中学校で新しく学んだ内容との差異に気付かせることが大切である。また、教室の壁に東西南北を明示して日常的に方位を意識する工夫をしたり、天球という言わば「大空のノート」（図1）に天体の動きや位置を繰り返し記録したりする活動も行いたい。

図1　透明半球も「大空のノート」

　この単元は、「今、自分の視点はどこにあり、何を調べようとしているのか」を認識しながら観察や実験に取り組み、空間概念の形成を図ることが大切である。生徒が認識できる範囲を徐々に広げながら広大な空間を把握できるよう、段階的な指導が求められる。

「未知の状況にも対応できる〔思考力、判断力、表現力等〕の育成」に向けて

　課題解決の目的意識をもって、理科の見方・考え方を働かせて観察や実験を行うことが大切である。例えば、天体の日周運動について、視点を宇宙空間に置いて、北極方向から地球の自転を観察すると西から東に自転していることと、地上から観察した天体は東から西へと逆に動いているように見えることを関連付け、相対的な見方を働かせて天体の日周運動を考察する必要がある。

　また、北半球と南半球における太陽の日周運動に共通点や差異点があるのか探究する課題において、地球儀上の観測地点に透明半球を貼り付けて太陽の動きを記録するモデル実験では、変える条件は観測者（観測地点）の緯度だけで、太陽のモデルである電灯の位置や経度などは変えない条件にするなど、条件制御の考え方が必要になる。

　このように、理科の見方・考え方を働かせて観察や実験を行い、結果を考察し、規則性を見いだして表現できる生徒の育成を目指したい。

「学びを人生や社会に生かそうとする〔学びに向かう力、人間性等〕の涵養」に向けて

　宇宙や天文現象に興味がある生徒は少なくない。しかし、その対象は「美しさ」であったり「神秘さ」であったりと、人知を超える存在に対する畏敬の念が背景にある。この思いは大切にしながら、広大な宇宙空間を俯瞰して観察した結果や、地球儀に置いた人形の視点から観察される現象を関連付けて考察することで、視点を自由に移動して時間的・空間的に広大な宇宙や天文現象を理解する楽しさに気付かせたい。

　理科の授業では、観察及び実験を通して、自分の生活に身近な事物・現象を学んでいるという意識をもたせることが大切であり、本単元では太陽や頭上に広がる星空を自分の世界として捉えることを大切にしたい。そして、単元の学習前後の自分を比較し、その変容に気付くことで、理科を学ぶ有用性を実感し、身の回りの自然事象に関心をもち主体的に探究する生徒が育成できると考える。

小単元で目指す生徒像の育成に向けた授業の例

「地球の自転と天体の動きを関連付け、視点を変えて考えよう」　（第1次　2時）

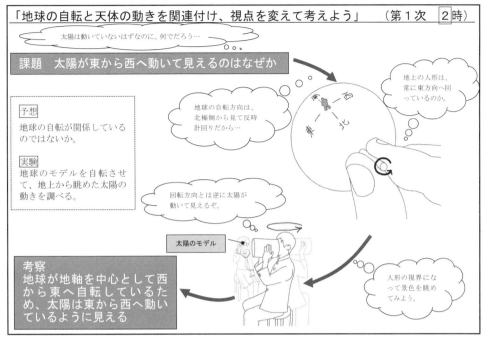

太陽は動いていないはずなのに、何でだろう…

課題　太陽が東から西へ動いて見えるのはなぜか

地球の自転方向は、北極側から見て反時計回りだから…

地上の人形は、常に東方向へ回っているのか。

予想
地球の自転が関係しているのではないか。

実験
地球のモデルを自転させて、地上から眺めた太陽の動きを調べる。

回転方向とは逆に太陽が動いて見えるぞ。

太陽のモデル

人形の視界になって景色を眺めてみよう。

考察
地球が地軸を中心として西から東へ自転しているため、太陽は東から西へ動いているように見える

「天体の全天における日周運動を捉えよう」　（第3次　5時）

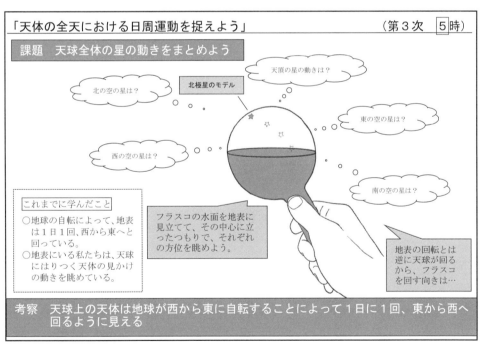

課題　天球全体の星の動きをまとめよう

北の空の星は？

天頂の星の動きは？

北極星のモデル

東の空の星は？

西の空の星は？

南の空の星は？

これまでに学んだこと
○地球の自転によって、地表は1日1回、西から東へと回っている。
○地表にいる私たちは、天球にはりつく天体の見かけの動きを眺めている。

フラスコの水面を地表に見立てて、その中心に立ったつもりで、それぞれの方位を眺めよう。

地表の回転とは逆に天球が回るから、フラスコを回す向きは…

考察　天球上の天体は地球が西から東に自転することによって1日に1回、東から西へ回るように見える

第2分野

3年

小単元における資質・能力を評価するペーパーテストの例

(1) 資質・能力を評価し指導に生かす

　図1のペーパーテストは、小単元「日周運動と自転」で身に付けた〔知識及び技能〕の習得状況や、時間的、空間的な概念の形成状況、及び科学的に探究する力の育成状況などを把握して評価する問題の例である。表1は各設問のポイントである。

　ペーパーテストの結果は、評定だけではなく、単元における生徒の学習活動や教師の学習指導の改善・充実に生かすことが大切である。そこで、〔知識及び技能〕の定着度を判断するだけでなく、未知の場面に生徒が対応できるかどうかも問うことで、これまでの学習指導が適切だったのか評価し、授業改善の PDCA サイクルを機能させることが肝心である。

(2)「知識・技能」について

　生徒が習得する〔知識及び技能〕は、概念や原理、法則の理解に加えて、身の回りの事物・現象を解釈する際に活用できるものであることが望ましい。

　そこで、「知識・技能」に関する問題を作成する際は、探究の場面を設定して観察やモデル実験の際に観測者の位置や視点を明確にする設問も含むようにする。

　これにより、基礎的・基本的な〔知識及び技能〕が身に付いているかを評価できる。

(3)「思考・判断・表現」について

　「思考・判断・表現」に関する設問は、生徒が身に付けている〔知識及び技能〕を活用できることが大切である。ただし、場面設定は発展的になりすぎず、必要な情報は十分に与えた上で、生徒が「理科の見方・考え方」を働かせて、事物・現象を多面的に捉えられるよう配慮する必要がある。

　これらの配慮により、身に付けた〔知識及び技能〕を活用して、未知の状況に対して思考・判断・表現するかを評価できる。

表1　図1のペーパーテストにおける各設問のポイント

問1	小単元における「知識・技能」の評価規準に基づき、天球上における太陽の見かけの動きを正確に記録する方法を身に付けているか評価する。 【正答の例】　円の中心（中央、真ん中）
問2	小単元における「思考・判断・表現」の評価規準に基づき、方角や太陽の一日の動きに関する〔知識及び技能〕を活用して、透明半球上に正しく記録された太陽の動きを判断できるか評価する。 【正答の例】　ウ　　※　太陽は東の空からのぼり、南の空を通って、西の空にしずむ。また、午前中に3回、午後に2回の観察であるため、プロットの回数から「ウ」が正答となる。
問3	小単元における「思考・判断・表現」の評価規準に基づき、天球全体における天体の動き方に関する〔知識及び技能〕を活用して、観測者の位置や視点を移動した場合の天体の動きが表現できるか評価する。 【正答の例】　　※　赤道上における北の方位では、北極星が地平線にあるので、天体は、反時計回りの半円を描くように動く。

　理久さんは、太陽や天球の星の動きについて、科学的に探究して観察、実験レポートにまとめました。次の問題に答えなさい。

観察、実験レポート（太陽の一日の動き）

【課題1】
　太陽の一日の動きを透明半球に記録しよう。

【観察1】
　①　透明半球をベランダに設置して、天気を見て休み時間ごとに観察する。
　②　太陽の位置を記録する際は、ペン先のかげを観測者の位置である　A　に合わせるようにする。

【結果1】
　・途中曇った時間帯もあり、午前中に3回、午後に2回、計5回の観察ができた。

B
太陽の位置を記録した
透明半球

【考察1】
　・印の点をなめらかな線でつなぎ太陽の軌跡をかくと、太陽は東の空からのぼり、南の空を通って、西の空にしずむ動きをしていた。
　・太陽が一定時間に動く距離は一定だった。

観察、実験レポート（星の動き）

【問題の発見】
　太陽以外の天体はどのように動いて見えるのか疑問に感じ、モデルを使った実験をしてみることにした。

【課題2】
　天球のモデルを使い、日本における天球全体の星の1日の動き方について調べよう。

【実験2】
　①　各方位の星の動きについて、モデルを使って観察する。
　②　星の動きを記録用紙にまとめる。

【結果2】

北の空

東の空

南の空

西の空

【考察2】
　・東西南北それぞれの方位で、星の動きはちがって見える。
　・天球全体では、地軸を延長した軸を中心として、東から西へと回転して見える。

【新たな問題の発見】
　・地球の他の場所でも、<u>天球の星の動きは同じように見えるのか</u>疑問に感じたので、<u>赤道上から観察できる星の動き</u>を調べてみることにした。

問1　【観察1】の　A　にあてはまる適切な語句を書きなさい。

問2　【結果1】太陽の位置を記録した透明半球　B　として、最も適切なものを右のア～エの中から1つ選びなさい。

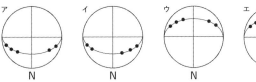

問3　<u>赤道上から観察できる星の動きの観察</u>において、北極星が地平線上に見えることが分かりました。【実験2】のモデルを使って星の動きを調べた場合、北の方位の星はどのように動いて見えるのか【結果2】を基にして作図しなさい。

北極星

図1　資質・能力を評価するペーパーテストの例

例⑫
第2分野
3年

肉食動物は草食動物にとって必要なの？
～どの生物にも食べられない食物連鎖の最上位の生物～

1. 小単元「生物同士の数量のつり合い」（自然界のつり合い）

2. 小単元で育成する資質・能力を踏まえた評価規準

知識・技能	思考・判断・表現	主体的に学習に取り組む態度
①日常生活や社会と関連付けながら、自然界のつり合いについての基本的な概念を理解している。	②自然界のつり合いについて、身近な自然環境を調べる観察、実験などを行い、科学的に考察して判断しているなど、科学的に探究している。	③自然界のつり合いに関する事物・現象に進んで関わり、見通しをもったり、振り返ったりするなど、科学的に探究しようとしている。 ④自然界のつり合いに関する探究の過程を振り返り、人間生活と身近な生態系とを関連付けようとしている。

3. 小単元の指導計画 ○指導に生かす評価　◎指導に生かすとともに記録して総括に用いる評価

次	時	○◎評価規準（評価方法）	・学習活動
第一次	1	○知識・技能① （行動の観察・発表・ノート）	・小学校で学んだ「食べる・食べられる関係」を想起し、陸上の身近な生物のカードを用いて、「食べる・食べられる関係」を矢印で表し、個人の考えを班で話し合う（対話する）ことで、様々な食物連鎖が身近にあることを知る。
		【単元を通して解決する課題】 　この地域からイヌワシがいなくなると、他の生物にとって、どのような環境になるのだろうか？	
		※地域の生態系を基に単元を通して学習する。	・どの生物にも食べられない生物（食物連鎖の最上位の生物）がいることに着目する。 ・食物連鎖の最上位の生物がいなくなると、最上位の生物に食べられる生物にとって、どのような環境になるのか、単元の学習前の考えを記述する。
	2	○思考・判断・表現② （行動の観察・発表・ノート）	・前時に学習した陸上の食物連鎖を基に、土中や水中の食物連鎖を考え、それらを比較して食物連鎖の共通点を指摘する。
	3	○知識・技能① （行動の記録・発表）	・地域の文献を調べたり、博物館の学芸員などからの話を聞いたりする。 ・食物網の立体モデルを作成することで、実際の生態系が複雑な食物網であることを理解する。
第二次	4	○主体的に学習に取り組む態度③ （行動の観察・発表・ノート）	・食物連鎖の中で、最上位の大形肉食動物の数量変化が、他の生物の数量に与える影響について、数量を自由に変化できる生態系ピラミッドを用いて考える。
	5	○主体的に学習に取り組む態度④ （行動の観察・発表・ノート）	・食物連鎖の最上位の生物がいなくなると、その生物に食べられていた生物にとって、どのような環境になるのか考える。 ・学習してきたことを基に、単元を通して解決する課題についての考えや、これからの生活と関連付けて考えたことを記述する。

小単元における　**指導と評価のポイント**

❶ 比較したり関連付けたりする活動を通して、生態系に対する深い理解に迫る

小学校で学習した「食べる・食べられる関係」を基に、生態系全体としての生物の数量のつり合いへと視点を広げていくことが大切である。そのために、実際の生態系について食物網の立体モデルを作成し、「食べる・食べられる関係」が単純な生態系と複雑な生態系を比較する。また、数量を自由に変化できる生態系ピラミッドの教材を用いて、ある層の生物の増減と他の生物の数量変化を関連付ける活動を通して、自然を総合的に見ることができるようにしたい。

❷ 学んだことを日常生活に活用しようとする態度を引き出す

身近な生態系を扱い、学習前後の自分の考えを振り返ることで、私たちも生態系を構成する一員だという実感を高め、振り返りを個人内評価に生かす。

小単元における　**学習の過程**　　学習の過程における　**指導と評価の一体化**

課題の設定〔知識及び技能〕の習得	身近な生態系を基に問題を見いだし、課題を設定し、食物網についての基本的な知識を身に付ける。

第一次 ❶
○身近な生物のカードを使用して食物連鎖を考え、班での話し合い（対話）を通して、身近な生態系における様々な生物のつながりを実感できるようにする。
○食物網の立体モデルを作成したり、地域の専門家から話を聞いたりすることで、生態系全体のつながりへと見方を広げることができるようにする。

課題の追究	生態系ピラミッドのある層の生物の増減と他の生物の増減を関連付けて、食物連鎖の最上位の生物が絶滅したときに起こりうることについて探究する。

第二次 ❶ ❷
○数量を自由に変化できる生態系ピラミッドを用いて、ある層の生物の数量変化と別の層の生物の数量変化を関連付けて考え、数量のつり合いが絶え間なく保たれていることを実感できるようにする。
○小単元を通して学んだことを振り返り、食物連鎖の最上位のイヌワシが現在は生息確認できない事実から、人間を含む様々な生物が互いに関わりながら生活していることなど、認識の変容に気付くことができるようにする。

課題の解決	学習前後の自分の考えを振り返り、日常生活に生かす。

目指す生徒像

身近な生態系に興味・関心をもち、人間を含む様々な生物が相互に関係しながら、その数量のつり合いを保っていることについて、自然を総合的に見ようとする生徒。

小単元で目指す生徒像の育成に向けてのポイント

「生きて働く〔知識及び技能〕の習得」に向けて

　単なる知識の獲得に留まらず、自然界を総合的に見るための知識の習得を目指したい。そのために、地域の専門家から身近な生態系の話を聞き、食物網の立体モデル（図1）を作り、一本の鎖のような「食べる・食べられる関係」ではなく、食物網であるという理解につなげる。また、生徒は、実際の生物の数量関係を正三角形のピラミッドとして捉えがちであるが、実際の数量を示し、食物連鎖の最上位の生物の数がいかに少ないのか、実感を伴う理解を目指したい。

図1　食物網の立体モデル　湯前町立湯前中学校 岡村豊成先生の授業（2017）

「未知の状況にも対応できる〔思考力、判断力、表現力等〕の育成」に向けて

　生態系ピラミッドのある層の生物の数量の増減が他の生物の増減に与える影響を考えるとき、「食べられたから数が減少した」など単純に現象を捉えがちである。そのため、ある層の生物の数量変化が大きかったときに他の生物に与える影響の程度を踏まえた考察ができないことが多い。同じ数量の増減でも、食物連鎖の最上位の生物と下位の植物とでは、他の生物に与える影響は大きく異なる。生態系全体として見たり、時間を追って生物の数量のつり合いを考えたりすることが大切である。そこで、生徒が数量を自由に変化できる生態系ピラミッド（図2）を用いて、「食物連鎖の最上位の生物が激減したら…」など、生物の増減の大きさとその影響の程度を関係付ける活動を通して、生態系を全体として捉える思考力や判断力の育成を目指したい。

図2　数量を自由に変化できる生態系ピラミッド

「学びを人生や社会に生かそうとする〔学びに向かう力、人間性等〕の涵養」に向けて

　身近な自然において絶え間なく生物の数量はつり合いが保たれていることを生徒が実感できるように、本事例では、熊本県の食物連鎖の最上位の生物に着目して、「イヌワシがいなくなったら、食べられていた生物にとって、どのような環境になるだろうか？」と単元を通して解決を目指す課題を設定する。単元末に、「平成3年以来イヌワシは観察されていない」ことを知らせることで、遠い未来のことではなく、現在進行形で自然界のバランスが崩れてきていることを身近に感じることができるようにしたい。また、人間も生態系の一部であり、人間生活も自然界に影響を与えていることが実感できるように、専門家などの話や資料を基に、地域の生態系を教材として扱うようにする。

　中学校で最後に学ぶ本小単元を通して、生態系を全体として捉え、人間生活が生態系に与える影響と日常生活を関連付けて振り返り、学習前後の自分の考えの変容に気付くようにしたい。また、自分の考えの変容を振り返ったことを個人内評価に生かし、指導と評価の一体化を図ることで、学びを人生や社会に生かそうとする態度を育んでいきたい。

小単元で目指す生徒像の育成に向けた授業の例

> **単元の課題**　「この地域からイヌワシがいなくなると，他の生物に
> とって，どのような環境になるのだろうか？

単元探究シート※　　※一枚ポートフォリオ評価（堀哲夫、2013）などを参考に，単元を通して認識の変容を促す単元探究シートを作成

- 単元の課題を解決するための鍵になることを生徒一人一人が記入する
- 鍵となる知識を結び付け，自然を総合的に見ることにつなげる

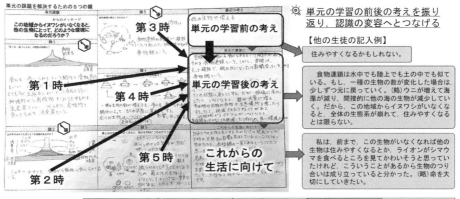

- 単元の学習の前後の考えを振り返り，認識の変容へとつなげる

【他の生徒の記入例】

> 住みやすくなるかもしれない。

> 食物連鎖は水中でも陸上でも土の中でも似ている。もし，一種の生物の数が変化した場合は，少しずつ元に戻っていく。（略）ウニが増えて海藻が減り，間接的に他の海の生物が減少していく。この地域からイヌワシがいなくなると，全体の生態系が崩れて，住みやすくなるとは限らない。

> 私は，前まで，この生物がいなくなれば他の生物は住みやすくなるとか，ライオンがシマウマを食べるところを見てかわいそうと思っていたけれど，こういうことがあるから生物のつり合いは成り立っていると分かった。（略）命を大切にしていきたい。

単元の時間	第1時	第2時	第3時	第4時	第5時

第4時の課題「大形の肉食動物が減ると他の生物の数はどうなるのだろうか？」

数量を自由に変化できる生態系ピラミッド

- 「大幅に減ったら？」など様々な状況を考えることが可能に
- 4段の操作で，より複雑な生態系のつり合いを体感することに

> **生徒**　減る数が多すぎると，元のピラミッドよりも小さくなるかも…。

> **生徒**　こうやって生物の増減は，ずっと繰り返しているのでは…。

実際の数を表した生態系ピラミッド

大形の肉食動物 7匹の場合
小形の肉食動物　88万匹
草食動物　175万匹

> 最上位の動物は，こんなに少ないなら，他の生物の増減に大きく影響を受けるかもしれない…。　**生徒**

- 実際の数を数直線にすることで，本当の生態系ピラミッドの数量を実感することが可能に

本時の考える視点
・時間を追ってどう変化するか
・大量に増減したとき，他の生物に与える影響の程度

植物　1443万個体　※ 本当に表すと 2 km以上になる

参考文献：堀哲夫『教育評価の本質を問う　一枚ポートフォリオ評価 OPPA』東洋館出版社、2013

小単元における資質・能力を評価するペーパーテストの例

（1）資質・能力を評価し指導に生かす

　図1のペーパーテストは、単元で身に付けた自然界のつり合いに関する知識の習得の状況と、科学的に探究する力や学びを人生や社会に生かそうとする態度の育成の状況を把握して評価し、その後の指導に生かすために作成した問題の例である。表1は各設問のポイントである。

　図や言葉で概念を構造化できているものを評価し、生徒が知識の習得を感じられるようにすることが大切である。

　また、小単元の学びと今後の生活とを関連付け、自分の生き方に関わる記述を人間性等に関わるものとして個人内評価に生かし、学びを人生や社会に生かそうとする態度の育成も目指す。

（2）「知識・技能」について

　知識については、単なる語句の説明に終始することなく、自然を総合的に見るときに活用できる知識を習得しているかを問うために、構造化して表現したものを用いて評価することが望ましい。そのため、資料として示されている身近な生態系の中の生物名と図や言葉を用いて食物網を表すようにする。

　このことにより、食物連鎖を食物網として捉えているか評価できる。また、身近な生物を用いることで、ペーパーテスト自体が身近な自然の事物・現象の中にも生態系があることに気付く機会となる。

（3）「思考・判断・表現」について

　「思考・判断・表現」に関する設問は、これまで習得してきた知識を活用して、自らの考えを表現できることが大切である。

　身近な生態系の中で最上位の生物に着目し、授業で使用した生態系の数量関係を表した模式図を用いて、自らの考えを説明したものを評価する。

　これにより、時間経過に伴う生物同士の数量関係に対する考えを把握し、評価することができる。

表1　図1のペーパーテストにおける各設問のポイント

問1	小単元における「知識・技能」の評価規準に基づき、資料として与えられている身近な生態系の中の生物の「食べる・食べられる関係」を図示し、その図を基に食物網について説明したものを評価する。 【正答の例】　A→Bのように一つの「食べる・食べられる関係」を示すのではなく、ある生物に複数の生物が食べられるなど、「食べる・食べられる関係」が複雑に入り組んだ網目のようになっていることが描かれており、その図を基に　　A　　を「網の目」と表現できているもの。
問2	小単元における「思考・判断・表現」の評価規準に基づき、学習してきたことを踏まえ、時間経過に伴う生物同士の数量関係について思考し、表現できるか評価する。 【正答の例】　生物の数量関係を表したピラミッドを用いて、ある層の生物の増減に伴い、それを食べる層の生物が増減することを表現し、最上位の生物も増減を繰り返すことで、最上位の生物が増え続けることはないことを説明できているもの。
問3	小単元における「主体的に学習に取り組む態度」の評価規準を参考に、小単元の学びと日常生活とを関連付けて自分の生き方を考え、人間性等に関わるものとして個人内評価を行う。 【個人内評価の例】　日常生活と関連付けて考えたことを班内で伝え合い、共感する部分に対して班のメンバーが「いいね」シールを貼る。

　しのぶさんは、熊本県博物館ネットワークセンターの先生に、熊本県の生態系における「食べる・食べられる関係」について話を聞き、次のようにメモしました。このことを基に、次の問題に答えなさい。

しのぶさんが熊本県博物館ネットワークセンターの先生の話を聞いてメモしたものの一部

【熊本県の生態系】「食べる・食べられる関係」にある生物
- タカは、ネズミ、イタチ、ヘビを食べる。　・フクロウは、小型の鳥、ネズミ、カエル、ヘビを食べる。
- イタチは、ヘビを食べる。　・ネズミは、木の実を食べる。
- ヘビは、カエル、ネズミ、モグラを食べる。　・カエルは、クモ、バッタ、ムカデを食べる。
- 小型の鳥は、バッタ、クモを食べる。　・バッタは、植物の葉を食べる。

【考えたこと・学んだこと】
　「食べる・食べられる関係」を矢印で表してみると、生物の「食べる・食べられる関係」は、[　A　]のようにつながっていると感じた。これを食物網ということを学んだ。

　しのぶさんは、このときに聞いた身近な生態系の話と単元の学習から、食物連鎖の最上位の肉食動物（タカなど）は、他の生物に食べられることがないのに増え続けることはないと学び、単元探究シートに学んだことを整理しました。

しのぶさんの単元探究シートの一部

【生物の数量関係の変化についての考察】
　例えば、草食動物が環境の変化などによって増えた場合、その後…

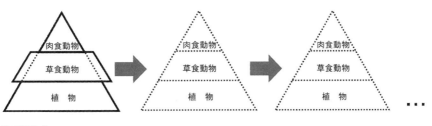

この図から、

B

そのため、食物連鎖の最上位の層の生物であるタカは増え続けることはないと考える。

問1　しのぶさんのメモを基に、「食べられる生物」→「食べる生物」の関係について矢印を用いて図で書きなさい。また、その図の特徴から、食物網の特徴について[　A　]にあてはまる適切な語句を書きなさい。

問2　しのぶさんが単元探究シートに、生物の数量関係の変化についての考えを書いています。ピラミッド型の図にその後の生物の増減を記入し、[　B　]に当てはまる考察を記入しなさい。

問3　あなたは、単元を通した学習の学びを自分の生活にどのように生かしていくか、自分の考えを書きなさい。記入の際は、学習した用語を用いましょう。

図1　資質・能力を評価するペーパーテストの例

おわりに

　令和3年5月27日（木）、2年ぶりに全国学力・学習状況調査が実施されました。中学校の調査問題は、今年度から全面実施となった平成29年（2017年）告示の中学校学習指導要領の内容を踏まえ、資質・能力を育成する学習過程を意識したものとなっていました。理科についても、理科の見方・考え方を働かせ、主体的・対話的で深い学びの実現に向け、日常生活や社会の中の場面や授業において、科学的に探究する学習活動を行う文脈を設定した調査問題を実施する予定でした。しかし、新型コロナウィルス感染症の拡大によって実施が1年延期されたことにより、移行措置の期間における学習状況も含めて、現状を把握できなかったことは非常に残念です。

　さて、学校現場では、新型コロナウィルス感染症（COVID-19）への対応のため、学習指導要領の趣旨を踏まえた授業が展開しにくい状況があります。しかし、このような状況の中でも多くの先生の熱意によって、主体的・対話的で深い学びの視点から、資質・能力の育成に向けて授業改善の取り組みが進んでいます。その際、生徒一人一人の探究的な学習が成立し、新たな問題を見いだして、次の探究へと向かうことを促すためには、生徒へのフィードバックに重点を置いた評価を単元計画に適切に設定して行うことが大切です。生徒にとって、探究によって見いだしたことを賞揚されたり、新たな視点を示されたりすることは、次の学びへの動機付けや、より深い学びへの契機となり、生徒の主体的な学習のサイクルを駆動させる原動力となります。また、このような生徒の探究的な学習活動にフィードバックを与える評価は、我々教師にとって、学習指導の改善点を与え、次の指導に生かすという、授業改善のサイクルを駆動させる原動力ともなるため、「指導と評価の一体化」を図る上で、重要な視点です。

　ある地域のオンラインによる中学校理科の研修会では、「指導と評価の一体化」について、多くの先生から次のような声が聴かれました。「評価を指導に生かす授業づくりの必要性は十分に認識しているが、具体的にどのように行えばよいかよく分からない」「自分が実践している評価が適切なのか不安である」などです。コロナ禍の状況でも、移行措置に取り組んだ成果や先進校の研究等を参考に試行錯誤し、目の前の生徒のために一生懸命に実践されている先生の姿が想像されます。そのような先生を支援する気持を込めて本書を作成しています。

　今回の改訂によって観点別学習状況の評価の観点が「知識・技能」、「思考・判断・表現」、「主体的学習に取り組む態度」の3つに整理されました。しかし、観点別学習状況の評価についての考え方は、従来と変わりはなく、評価規準による質的な評価を行うことが大切です。今一度、基本的な考え方を確認することも大切です。評価という文言から「評定を付ける」ことを最初にイメージするかもしれません。しかし、そもそも評価とは、生

徒が学習する姿や成果を見取り、助言やフィードバックを与えて、次の学習に意欲をもって取り組めるようにする教育的な営みであり、学習において生徒の情意的な側面と認知的な側面から元気にすることだと言えます。このような評価を日々の授業で生徒が受け取ることができれば、「主体的・対話的で深い学び」のサイクルが駆動され、変化が激しく予測困難な社会を生きていく資質・能力を高めていけるものと考えます。このようなサイクルを駆動させる評価を行うためには、これまで慣行として行ってきたことでも、妥当性や必要性が認められないものは見直していくことが大切です。

　本書は、「主体的・対話的で深い学び」や「指導と評価の一体化」について不安を感じている先生にも参考となるよう構成しています。特に、実践事例では、単元または小単元における指導と評価のポイントを具体的に示すとともに、単元等で目指す生徒像の育成に向けた授業例と単元等で育成する資質・能力を評価するペーパーテストの例も掲載しています。このことは、「指導と評価の一体化」を意識した授業づくりへのヒントになるでしょう。学習指導要領が全面実施となり、授業研究や学習指導、学習評価に関する研修や研究が進められています。その際、本書も参考にして学習指導要領が目指す資質・能力の育成に向けた授業改善に迫っていただけたら幸いです。理科室から生き生きとした生徒の声が聞こえる、そんな探究的な授業が展開されることを期待しています。

　本書を上梓するにあたって、東洋館出版社の上野絵美様には、企画の段階から相当の時間がかかったにもかかわらず、その都度、的確なご助言をいただき、また、多大なる尽力をいただきました。心より感謝申し上げます。

2021 年 7 月 　　　　　　　　　　　　　　　　　　小倉　恭彦・後藤　文博

【編著者】

田中　保樹　たなか・やすき
北里大学理学部准教授（教職課程センター）

> 1961年横浜市生まれ。横浜国立大学大学院修了（修士（教育学））。1985年から横浜市立中学校、横浜国立大学教育人間科学部附属横浜中学校で理科教員として勤務。2009年から横浜市教育委員会事務局指導主事、国立教育政策研究所学力調査官・文部科学省教科調査官を経て、横浜市を早期退職。2018年から北里大学理学部准教授として、教職課程での教育と、学習指導・学習評価や理科教育等に関する研究とを推進。詳しくは北里大学研究者情報にて。

益田　裕充　ますだ・ひろみつ
群馬大学大学院教育学研究科教授

> 1964年埼玉県生まれ。兵庫教育大学大学院で学位取得（博士（学校教育学））。2008年群馬大学教育学部准教授・同大学院准教授、2012年群馬大学教育学部教授・同大学院教授。2016年群馬大学評議員・同教育学部副学部長、2017年群馬大学教育学部附属中学校長、2018年から群馬県教育委員会教育委員。2020年日本理科教育学会副会長。中学校学習指導要領（平成29年告示）解説理科編の改訂に携わる。

小倉　恭彦　おぐら・やすひこ
文部科学省国立教育政策研究所教育課程研究センター研究開発部学力調査官

> 1967年岡山県生まれ。岡山大学卒。1990年から岡山県内公立中学校、岡山大学教育学部附属中学校で理科教員として勤務、2013年から岡山大学教育学部附属中学校教頭を経て2018年より現職。科学的に探究するために必要な資質・能力を育成する中学校理科の授業デザイン及びサスティナビリティのためのキー・コンピテンシーの育成について研究。

後藤　文博　ごとう・ふみひろ
前橋市立第六中学校校長・前文部科学省国立教育政策研究所教育課程研究センター研究開発部学力調査官

> 1966年群馬県生まれ。宇都宮大学卒。1990年から前橋市立中学校及び県内公立中学校で理科教員として勤務。2007年から前橋市教育委員会事務局指導主事、前橋市立中学校教頭、前橋市教育委員会事務局指導係長、国立教育政策研究所学力調査官を経て、2021年から前橋市立第六中学校校長。群馬県中学校教育研究会理科部会副会長。

【執筆者】　　※掲載は執筆順。所属は2021年7月現在。

田中保樹　　前出　　　　　　　　　　　　　　　　　　　はじめに、Ⅰ-1、Ⅱ-2、Ⅱ-3

益田裕充　　前出　　　　　　　　　　　　　　　　　　　はじめに、Ⅰ-2、Ⅱ-1

小倉恭彦　　前出　　　　　　　　　　　　　　　　　　　Ⅱ-4、Ⅱ-5、おわりに

後藤文博　　前出　　　　　　　　　　　　　　　　　　　Ⅰ-3、1-4、おわりに

加藤淳平　　山形県立東桜学館中学校・高等学校教諭　　　Ⅲ-①

若林教裕　　香川県三豊市観音寺市学校組合立三豊中学校教頭　　Ⅲ-②

三浦真一　　愛知県西尾市立鶴城小学校教諭　　　　　　　Ⅲ-③

髙橋博代　　千葉市立緑が丘中学校教諭　　　　　　　　　Ⅲ-④

蛭田真生　　横浜市立南高等学校附属中学校主幹教諭　　　Ⅲ-⑤

柏木　純　　群馬大学共同教育学部附属中学校教諭　　　　Ⅲ-⑥

波平長真　　沖縄県石垣市教育委員会学校教育課指導係係長　　Ⅲ-⑦

伊藤英樹　　早稲田中学校・高等学校教諭　　　　　　　　Ⅲ-⑧

中倉智美　　岡山市立芳泉中学校教諭　　　　　　　　　　Ⅲ-⑨

青木久美子　世田谷区立千歳中学校主幹教諭　　　　　　　Ⅲ-⑩

佐々木修一　秋田県にかほ市立金浦中学校教諭（教育専門監）　　Ⅲ-⑪

一安　恵　　熊本県合志市立合志楓の森小学校主幹教諭　　Ⅲ-⑫

資質・能力を育成する
科学的な探究と学習評価
中学校理科
―指導と評価の一体化を通して―

2021（令和3）年8月2日　初版第1刷発行

編 著 者：田中保樹・益田裕充・小倉恭彦・後藤文博
発 行 者：錦織圭之介
発 行 所：株式会社　東洋館出版社
　　　　　〒113-0021　東京都文京区本駒込5丁目16番7号
　　　　　営 業 部　電話 03-3823-9206　FAX 03-3823-9208
　　　　　編 集 部　電話 03-3823-9207　FAX 03-3823-9209
　　　　　振　　替　00180-7-96823
　　　　　U　R　L　http://www.toyokan.co.jp

デザイン：藤原印刷株式会社
イラスト：河口智子
印刷・製本：藤原印刷株式会社

ISBN978-4-491-04388-3　　　　　　　　　　Printed in Japan